William Shakespeare

The Sonnets
Die Sonette

Englisch und in ausgewählten deutschen
Versübersetzungen

Mit Anmerkungen
und einem Nachwort herausgegeben
von Raimund Borgmeier

Philipp Reclam jun. Stuttgart

Universal-Bibliothek Nr. 9729-31
Alle Rechte vorbehalten. © Philipp Reclam jun. Stuttgart 1974
Gesetzt in Petit Garamond-Antiqua. Printed in Germany 1974
Herstellung: Reclam Stuttgart
ISBN 3-15-009729-0

The Sonnets
Die Sonette

1

From fairest creatures we desire increase,
That thereby beauty's rose might never die,
But as the riper should by time decease,
His tender heir might bear his memory;
But thou, contracted to thine own bright eyes,   5
Feed'st thy light's flame with self-substantial fuel,
Making a famine where abundance lies,
Thyself thy foe, to thy sweet self too cruel.
Thou that art now the world's fresh ornament
And only herald to the gaudy spring,   10
Within thine own bud buriest thy content,
And, tender churl, mak'st waste in niggarding.
    Pity the world, or else this glutton be,
    To eat the world's due, by the grave and thee.

2

When forty winters shall besiege thy brow,
And dig deep trenches in thy beauty's field,
Thy youth's proud livery, so gaz'd on now,
Will be a tatter'd weed of small worth held.
Then being ask'd where all thy beauty lies,   5
Where all the treasure of thy lusty days,
To say within thine own deep-sunken eyes
Were an all-eating shame and thriftless praise.
How much more praise deserv'd thy beauty's use,
If thou couldst answer 'This fair child of mine   10
Shall sum my count, and make my old excuse'
Proving his beauty by succession thine!
    This were to be new made when thou art old,
    And see thy blood warm when thou feel'st it cold.

1

Von schönen Wesen wünschen wir Vermehrung,
Auf daß der Schönheit Rose nimmer sterbe;
Und welkt die reifre durch der Zeit Verheerung,
Ihr Angedenken trag' ein zarter Erbe.
Doch du, beschränkt auf deiner Augen Feuer,
Nährst deines Lichtes Strahl mit eignem Schwefel.
Und wo ein Überfluß ist, machst du's teuer,
Feind deinem süßen Selbst mit hartem Frevel.
Du, der du jetzt der Welt zum frischen Ruhme,
Allein Herold des Frühlings holden Reizen,
Birgst in der eignen Knospe deine Blume;
Verödest, holder Karger, durch dein Geizen,
    Hab Mitleid mit der Welt, sonst sei Begierde,
    Schling in das Grab und dich der Schöpfung Zierde.

Kannegießer

2

Belagern vierzig winter deine braun ·
Ziehn gräben tief in deiner schönheit flur:
Ist deiner jugend putz · heut ein gestaun ·
Dann eine wertlos rissige hülle nur.

Fragt wer nach deiner schönheiten geschick
Und allen schätzen deiner rüstigen zeit:
Dann zeigen eignen eingesunknen blick
Wär scham die frisst und lob das missgedeiht.

Mehr lob erwürbe deiner schönheit huld ·
Könntst du erwidern: ›dies mein schönes Kind
Zahlt meine rechnung · löst des alters schuld‹ ·
Da seine reize dein durch erbrecht sind.

    Dies wär ein neues wirken wenn du alt ·
    Du sähest warm dein blut · fühlt es sich kalt.

George

3

Look in thy glass, and tell the face thou viewest
Now is the time that face should form another;
Whose fresh repair if now thou not renewest,
Thou dost beguile the world, unbless some mother.
For where is she so fair whose unear'd womb   5
Disdains the tillage of thy husbandry?
Or who is he so fond will be the tomb
Of his self-love, to stop posterity?
Thou art thy mother's glass, and she in thee
Calls back the lovely April of her prime;   10
So thou through windows of thine age shalt see,
Despite of wrinkles, this thy golden time.
    But if thou live remember'd not to be,
    Die single, and thine image dies with thee.

4

Unthrifty loveliness, why dost thou spend
Upon thyself thy beauty's legacy?
Nature's bequest gives nothing, but doth lend,
And, being frank, she lends to those are free.
Then, beauteous niggard, why dost thou abuse   5
The bounteous largess given thee to give?
Profitless usurer, why dost thou use
So great a sum of sums, yet canst not live?
For having traffic with thyself alone,
Thou of thyself thy sweet self dost deceive.   10
Then how when nature calls thee to be gone,
What acceptable audit canst thou leave?
    Thy unus'd beauty must be tomb'd with thee,
    Which, used, lives th' executor to be.

3

Schau in den Spiegel, sprich zu deinen Zügen:
›Nun ist es Zeit, euch selbst zu konterfein.‹
Versäumst du das, wirst du die Welt betrügen,
Und unbeglückt wird eine Mutter sein.
Denn welcher Schönsten ungepflügter Schoß
Würd' es verschmähn, von dir bestellt zu werden?
Und welcher Tor wär' gern ein Grabmal bloß
Der eignen Selbstlieb, ohne Frucht auf Erden?
Wie du ein Spiegel deiner Mutter scheinst,
Der ihren holden Mai ihr ruft zurück,
So siehst du durch des Alters Fenster einst
Trotz Runzeln dieser Tage goldnes Glück.
    Doch wenn du lebst und schaffst kein Denkmal dir,
    Stirb einsam, und dein Bild stirbt hin mit dir.

Gildemeister

4

Nutzlose Schönheit, immer sinnst du nur,
Auf dich verliehne Schätze zu verwenden!
Doch nichts verschenkt, es leiht nur die Natur
Freigebig denen, die gern weiterspenden!
O süßer Geizhals, du entziehst der Welt
Ein Gut, das dir gegeben, um zu geben;
Du Wucherer, der zwecklos Geld auf Geld
Zusammenträgt und nicht versteht zu leben!
Ziehst du dich einsam in dich selbst zurück,
Betrügst du dich um dein geliebtes Bild;
Was sagst du, wenn dich abruft das Geschick,
Wenn Rechenschaft es darzubringen gilt?
    Die Schönheit wird mit dir zu Grab gelegt,
    Statt daß genützt sie reife Früchte trägt.

M. J. Wolff

5

Those hours that with gentle work did frame
The lovely gaze where every eye doth dwell
Will play the tyrants to the very same,
And that unfair which fairly doth excel:
For never-resting time leads summer on   5
To hideous winter, and confounds him there;
Sap check'd with frost and lusty leaves quite gone,
Beauty o'ersnow'd, and bareness everywhere.
Then, were not summer's distillation left
A liquid prisoner pent in walls of glass,   10
Beauty's effect with beauty were bereft,
Nor it, nor no remembrance what it was.
　　But flowers distill'd, though they with winter meet,
　　Leese but their show: their substance still lives sweet.

6

Then let not winter's raggèd hand deface
In thee thy summer ere thou be distill'd:
Make sweet some vial; treasure thou some place
With beauty's treasure ere it be self-kill'd.
That use is not forbidden usury   5
Which happies those that pay the willing loan –
That's for thyself to breed another thee,
Or ten times happier, be it ten for one;
Ten times thy self were happier than thou art,
If ten of thine ten times refigur'd thee: 10
Then what could death do if thou shouldst depart,
Leaving thee living in posterity?
　　Be not self-will'd, for thou art much too fair
　　To be death's conquest and make worms thine heir.

5

Dieselben Stunden, die so hold dein Bild
Zur Augenlust geschmückt mit zartem Kleid,
Sind bald tyrannisch wider dich gewillt,
Unhold verkehrend die Holdseligkeit.
Denn nimmermüde Zeit führt Sommers Blühn
Zum eklen Winter fort in blinde Schmach:
Frost hemmt den Saft, es welkt all frisches Grün,
Die Schönheit liegt verschneit, die Welt liegt brach.
Und bliebe nicht des Sommers Quintessenz,
Ein flüssiger Häftling gläsernem Gewänd,
Stürb aller Schönheit Sinn mit ihrem Lenz,
Daß sich auch nicht ein Angedenken fänd.
 Nur Blumen-Aufguß wahrt zur Winterszeit
 Zwar nicht die Schau, doch Wesens Süßigkeit.

Schröder

6

So laß in dir nicht Winters Runzelhand
Den Sommer schänden, eh dein Saft, geklärt,
Ein Glas durchwürzt. Verschön ein fruchtbar Land,
Eh reifer Schönheit Frucht sich selbst verzehrt.
Nicht ist verbotner Wucher solch Bemühn,
Das frommen Darlehns Geber glücklich macht,
Läßt für dich selbst ein ander Ich erblühn,
Zehnmal beglückt, wo sich's verzehenfacht.
Zehnmal dein Du beglückter denn dein Ich,
In zehn, die dein sind, zehnmal wiederholt.
Denn stürbest du, was schreckt dein Scheiden dich,
Solang dein Blut in Sohnesadern rollt?
 Verschließ dich nicht: zu schön, als daß dein Sterben
 Den Tod zum Sieger mach, den Wurm zum Erben.

Schröder

7

Lo, in the orient when the gracious light
Lifts up his burning head, each under eye
Doth homage to his new-appearing sight,
Serving with looks his sacred majesty;
And having climb'd the steep-up heavenly hill,   5
Resembling strong youth in his middle age,
Yet mortal looks adore his beauty still,
Attending on his golden pilgrimage;
But when from highmost pitch, with weary car,
Like feeble age he reeleth from the day,   10
The eyes, 'fore duteous, now converted are
From his low tract and look another way:
 So thou, thyself out-going in thy noon,
 Unlook'd on diest, unless thou get a son.

8

Music to hear, why hear'st thou music sadly?
Sweets with sweets war not, joy delights in joy.
Why lov'st thou that which thou receiv'st not gladly,
Or else receiv'st with pleasure thine annoy?
If the true concord of well-tuned sounds,   5
By unions married, do offend thine ear,
They do but sweetly chide thee, who confounds
In singleness the parts that thou shouldst bear.
Mark how one string, sweet husband to another,
Strikes each in each by mutual ordering;   10
Resembling sire, and child, and happy mother,
Who, all in one, one pleasing note do sing:
 Whose speechless song, being many, seeming one,
 Sings this to thee: 'Thou single wilt prove none'.

7

Sieh, wann im Ost erhebt glanzholdes Licht
Sein brennend Haupt, welch irdisch Auge weiht
Dem neuen Strahl nicht Huldigung und Pflicht,
Verehrt mit Schaun hochheilge Herrlichkeit?
Und wann's den Himmelsberg steilauf erklomm,
Recht wie in mittlern Jahren junge Kraft,
Noch dann mit Anbetung begleitet fromm
Sterblicher Blick die goldne Wanderschaft.
Doch wie's, von höchster Höh' mit müdem Rad
Vom Tag abtaumelnd, schwachem Alter gleicht, –
Das Aug', in Ehrfurcht sonst, vom niedern Pfad
Verwendet sich's, indem's zu andrem streicht.
   So, wann du dich im Mittag überflohn,
   Stirbst unbeschaut du, zeugst du keinen Sohn.

Lachmann

8

Musik, wie hörst du sie mit trüben Blicken?
Kämpft Süß mit Süß? Freut sich nicht Lust der Lust?
Wie liebst du das, was doch nicht kann beglücken?
Und drückst den Schmerz mit Freud' an deine Brust?
Kann wohlgestimmter Saiten Harmonie,
Vermählt im Dreiklang, nicht dein Ohr ergötzen?
Nein, denn den Einzelnstehnden schelten sie,
Der so den Ton des Ganzen darf verletzen.
Merk, wie die Saiten zart vermählet sind,
Durch Wechselwirkung in einander klingen,
Wie Vater, Mutter und das holde Kind,
Die, eins in Lieb', ein süßes Lied nur singen:
   Wortloser Sang von Vielen scheint nur Einer,
   Und spricht zu dir: Du Einzelner wirst Keiner.

Dorothea Tieck

9

Is it for fear to wet a widow's eye
That thou consum'st thyself in single life?
Ah! if thou issueless shalt hap to die,
The world will wail thee like a makeless wife;
The world will be thy widow, and still weep   5
That thou no form of thee hast left behind,
When every private widow well may keep,
By children's eyes, her husband's shape in mind.
Look what an unthrift in the world doth spend
Shifts but his place, for still the world enjoys it;   10
But beauty's waste hath in the world an end,
And kept unus'd, the user so destroys it.
    No love toward others in that bosom sits
    That on himself such murd'rous shame commits.

10

For shame deny that thou bear'st love to any,
Who for thy self art so unprovident!
Grant, if thou wilt, thou art belov'd of many,
But that thou none lov'st is most evident;
For thou art so possess'd with murd'rous hate   5
That 'gainst thyself thou stick'st not to conspire,
Seeking that beauteous roof to ruinate
Which to repair should be thy chief desire.
O, change thy thought, that I may change my mind!
Shall hate be fairer lodg'd than gentle love?   10
Be, as thy presence is, gracious and kind,
Or to thyself at least kind-hearted prove:
    Make thee another self for love of me,
    That beauty still may live in thine or thee.

9

Ist's Furcht, daß eine Witwe weinen werde,
Weshalb dein Leben einsam sich zernagt?
Ach, schwändest kinderlos du von der Erde,
So wär' die Welt das Weib, das um dich klagt.
Die Welt wird deine Witwe sein, voll Trauer,
Daß du von dir kein Gleichnis ihr vermacht,
Wo jeder andren Witwe für die Dauer
Des Gatten Bild aus Kinderaugen lacht.
Schau, was ein Leichtfuß in der Welt verschwendet,
Tauscht nur den Platz, bringt stets der Welt Gewinn;
Doch Schönheit, die vergeudet worden, endet,
Weltflüchtig durch des Eigners Eigensinn.
  Nicht Nächstenliebe wohnt im Herzen dessen,
  Der sich so schnöden Selbstmords kann vermessen.

Fulda

10

O Schmach! vernein es, irgendwen zu lieben,
Du, der du auf dich selbst so unbedacht!
Gib zu, du seist das Ziel von vieler Trieben,
Doch daß *du* niemand liebst, ist ausgemacht.
Denn dich beherrscht ein mörderischer Haß,
Daß du nicht zauderst, selbst dich zu bedräuen,
Das edle Haus zerrütten möchtest, das
Vor allen dir geziemte zu erneuen.
O ändre deinen Sinn, und meine Meinung!
Birgt Haß in holder Liebe Wohnung sich?
Sei mild wie deine liebliche Erscheinung:
Sei mindestens barmherzig gegen dich.
  Erschaffe neu, aus Liebe dich zu mir,
  Daß Schönheit leb' im Deinen oder dir.

Regis

11

As fast as thou shalt wane, so fast thou grow'st
In one of thine, from that which thou departest;
And that fresh blood which youngly thou bestow'st
Thou mayst call thine when thou from youth convertest.
Herein lives wisdom, beauty, and increase;   5
Without this folly, age, and cold decay.
If all were minded so, the times should cease,
And threescore year would make the world away.
Let those whom Nature hath not made for store,
Harsh, featureless, and rude, barrenly perish.   10
Look whom she best endow'd she gave the more;
Which bounteous gift thou shouldst in bounty cherish:
    She carv'd thee for her seal, and meant thereby
    Thou shouldst print more, not let that copy die.

12

When I do count the clock that tells the time,
And see the brave day sunk in hideous night;
When I behold the violet past prime,
And sable curls all silver'd o'er with white;
When lofty trees I see barren of leaves,   5
Which erst from heat did canopy the herd,
And summer's green all girded up in sheaves
Borne on the bier with white and bristly beard;
Then of thy beauty do I question make
That thou among the wastes of time must go,   10
Since sweets and beauties do themselves forsake,
And die as fast as they see others grow;
    And nothing 'gainst Time's scythe can make defence
    Save breed, to brave him when he takes thee hence.

11

So schnell du welken wirst, so schnell ersprießest
Im Kinde du, aus dem, was du entsendest.
Das frische Blut, das itzt du jung ergießest,
Ist dein, wann du der Jugend dich entwendest.
Darin ist Schöne, Weisheit und Vermehrung;
Fehlt das, nur Alter, Torheit, kalt Verderben.
Denkt jeder so, das wird der Zeit Zerstörung;
In sechzig Jahren muß die Welt versterben.
Mag, wen Natur nicht Hort zu sammeln machte,
Hart, mißgestalt und roh, unfruchtbar enden:
Weil dich vor Reichstbegabten sie bedachte,
Mußt du die milde Gab' in Milde spenden.
　　Dich schnitt sie als ihr Siegel, mit der Lehre,
　　Daß mehr du abdruckst und ihr Bildnis währe.

Lachmann

12

Zähl ich den Glockenschlag, der Stunden mißt,
Und seh den stolzen Tag in Nacht versinken,
Schau ich das Veilchen nach der Blütenfrist
Und Rabenlocken, die versilbert blinken;
Seh ich den Waldbaum um sein Laub gekürzt,
Der sonst die Herde vor der Glut bewahrte,
Und Sommers Grün, in Garben hochgeschürzt,
Auf Bahren ruhn mit weißem Stachelharte:
Dann über deine Schönheit grübel ich,
Daß du hinab mußt in der Zeit Verderben;
Denn Reiz und Schönheit läßt sich selbst im Stich
Und eilt, so rasch wie Neues wächst, zu sterben.
　　Nichts hält die Sense fern von deinem Haupt
　　Als Saat, die stehn bleibt, wann die Zeit dich raubt.

Gildemeister

13

O that you were yourself! but, love, you are
No longer yours than you yourself here live;
Against this coming end you should prepare,
And your sweet semblance to some other give.
So should that beauty which you hold in lease   5
Find no determination; then you were
Your self again, after yourself's decease,
When your sweet issue your sweet form should bear.
Who lets so fair a house fall to decay,
Which husbandry in honour might uphold   10
Against the stormy gusts of winter's day
And barren rage of death's eternal cold?
   O, none but unthrifts! dear my love, you know
    You had a father: let your son say so.

14

Not from the stars do I my judgment pluck,
And yet methinks I have astronomy;
But not to tell of good or evil luck,
Of plagues, of dearths, or seasons' quality;
Nor can I fortune to brief minutes tell,   5
Pointing to each his thunder, rain, and wind,
Or say with princes if it shall go well
By oft predict that I in heaven find;
But from thine eyes my knowledge I derive,
And, constant stars, in them I read such art   10
As truth and beauty shall together thrive,
If from thy self to store thou wouldst convert.
   Or else of thee this I prognosticate:
    Thy end is truth's and beauty's doom and date.

13

O, wärt Ihr nur Ihr selbst! Doch, Lieb, Ihr seid
Nicht länger Euer als Ihr selbst hier lebt!
So macht Euch für das künftige End bereit
Und andern Euer süßes Abbild gebt!
So würd' die Schönheit, die Euch jetzt geliehn,
Nie enden können, und Euch wär's geglückt:
Ihr wärt Ihr selbst, selbst wenn Ihr selbst dahin,
Da süße Form dann süßen Erben schmückt'.
Wer ließ' so schönes Haus denn dem Verfall,
Wenn väterliche Sorgfalt es bewacht'
Vor winterlicher Stürme wildem Prall
Und eitler Wut und eisiger Todesnacht?
    Verschwender nur! Mein teures Lieb, Ihr kennt
    Den Vater noch? – Daß so ein Sohn Euch nennt'!

Keil

14

Wenn ich von Sternen nicht mein Urteil pflück,
So hab ich doch, deucht mir, Astronomie.
Zwar künd ich gutes und nicht gutes Glück
Und Pest und Hungersnot und Wetter nie.
Auch kann ich für Minuten nichts erspähn,
Für jeden seinen Regen, Donner, Wind,
Noch sagen, ob's mit Prinzen gut wird gehn,
Durch öftre Kund', die ich am Himmel find;
Jedoch kann ich's aus deinen Augen reihen,
Und (feste Stern') durch sie werd ich belehrt,
Daß Wahrheit, Schönheit wird zusamt gedeihen.
Wenn du, von dir zu sammeln, dich bekehrt.
    Sonst kann ich nur von dir die Kunde lesen:
    Mit dir wird Wahrheit, Schönheit auch verwesen.

Kannegießer

15

When I consider every thing that grows
Holds in perfection but a little moment,
That this huge stage presenteth nought but shows
Whereon the stars in secret influence comment;
When I perceive that men as plants increase,   5
Cheered and check'd even by the self-same sky,
Vaunt in their youthful sap, at height decrease,
And wear their brave state out of memory;
Then the conceit of this inconstant stay
Sets you most rich in youth before my sight,   10
Where wasteful Time debateth with Decay
To change your day of youth to sullied night;
    And all in war with Time for love of you,
    As he takes from you, I engraft you new.

16

But wherefore do not you a mightier way
Make war upon this bloody tyrant Time?
And fortify yourself in your decay
With means more blessed than my barren rhyme?
Now stand you on the top of happy hours,   5
And many maiden gardens, yet unset,
With virtuous wish would bear your living flowers,
Much liker than your painted counterfeit;
So should the lines of life that life repair,
Which this, Time's pencil or my pupil pen,   10
Neither in inward worth, nor outward fair,
Can make you live yourself in eyes of men.
    To give away yourself keeps your self still;
    And you must live, drawn by your own sweet skill.

15

Bedenk ich dies: daß alles, was da wächst,
Vollkommenheit nur einen Nu bewahre;
Daß dieses riesigen Bühnenspieles Text
Nur zeigt geheime Sternenkommentare;
Bemerk ich dies: daß Mensch und Pflanze gleich,
Von ganz derselben Luft erquickt, erstickt,
Von Jugend strotzen, und dann welk und bleich
Ihr stolzes Sein sich ins Vergessen schickt;
Dann steht, ob solcher Unbeständigkeit,
Ihr vor mir auf in reichster Jugendpracht,
Wo sich schon mühn Verfall und wüste Zeit
Zu wandeln Euren Tag in garstige Nacht;
   Und stets die Zeit bekriegend Euch zulieb,
   Pfropf ich auf ihren Schnitt Euch neuen Trieb.

Keil

16

Warum willst du nicht stärkre Waffen ziehen
Auf diesen blutigen Tyrannen, Zeit,
Warum nicht dich befest'gen im Verblühen
Mit schönern Mitteln als mein Vers sie beut.
Du stehst, wo Glückesstunden dich umschlingen,
Und vieler Jungfrau Gärten sind noch leer,
Ihr Wunsch wird dir lebend'ge Blumen bringen,
Gemalte Bilder gleichen nicht so sehr.
So sollen Lebenslinien Leben geben,
Der Zeitengriffel und mein schwacher Kiel
Kann schirmen nicht im Menschenaug' dein Leben
Nicht innern Wert, nicht äußrer Farben Spiel.
   Du gibst dich weg, und wirst dich doch erhalten,
   Durch eigne süße Kunst dich selbst gestalten.

Kannegießer

19

17

Who will believe my verse in time to come,
If it were fill'd with your most high deserts?
Though yet, heaven knows, it is but as a tomb
Which hides your life and shows not half your parts.
If I could write the beauty of your eyes   5
And in fresh numbers number all your graces,
The age to come would say 'This poet lies;
Such heavenly touches ne'er touch'd earthly faces.'
So should my papers, yellowed with their age,
Be scorn'd, like old men of less truth than tongue;   10
And your true rights be term'd a poet's rage,
And stretched metre of an antique song.
    But were some child of yours alive that time,
    You should live twice – in it, and in my rhyme.

18

Shall I compare thee to a summer's day?
Thou art more lovely and more temperate:
Rough winds do shake the darling buds of May,
And summer's lease hath all too short a date:
Sometime too hot the eye of heaven shines,   5
And often is his gold complexion dimm'd;
And every fair from fair some time declines,
By chance, or nature's changing course, untrimm'd;
But thy eternal summer shall not fade
Nor lose possession of that fair thou ow'st;   10
Nor shall Death brag thou wander'st in his shade,
When in eternal lines to time thou grow'st:
    So long as men can breathe or eyes can see,
    So long lives this, and this gives life to thee.

17

Wer würd' ein gläubig Ohr den Versen leihn,
Wollt' ich mit deinem höchsten Wert sie füllen?
Obwohl, weiß Gott, sie wie ein Leichenstein
Dein Leben ganz, halb dein Verdienst verhüllen.
Könnt' ich die Schönheit deiner Augen schreiben,
Mit deinen Zierden zieren mein Gedicht,
Die Nachwelt spräche: ›Dichter übertreiben;
So himmlisch schön ist Erdenschöne nicht.‹
Man würde die vergilbten Blätter schelten
Wie alter Leute freche Fabelei,
Die Wahrheit würd' als Dichterwahnsinn gelten,
Als schwülst'ger Stil altmodischer Reimerei.
    Doch lebt alsdann dein Sohn, so lebst du fort,
    Zweimal: durch ihn und durch mein Dichterwort.

Gildemeister

18

Soll ich vergleichen einem sommertage
Dich der du lieblicher und milder bist?
Des maien teure knospen drehn im schlage
Des sturms und allzukurz ist sommers frist.

Des himmels aug scheint manchmal bis zum brennen ·
Trägt goldne farbe die sich oft verliert ·
Jed schön will sich vom schönen manchmal trennen
Durch zufall oder wechsels lauf entziert.

Doch soll dein ewiger sommer nie ermatten:
Dein schönes sei vor dem verlust gefeit.
Nie prahle Tod · du gingst in seinem schatten ..
In ewigen reimen ragst du in die zeit.

    Solang als menschen atmen · augen sehn
    Wird dies und du der darin lebt bestehn.

George

19

Devouring Time, blunt thou the lion's paws,
And make the earth devour her own sweet brood;
Pluck the keen teeth from the fierce tiger's jaws,
And burn the long-liv'd phoenix in her blood;
Make glad and sorry seasons as thou fleet'st,   5
And do whate'er thou wilt, swift-footed Time,
To the wide world and all her fading sweets;
But I forbid thee one most heinous crime:
O, carve not with thy hours my love's fair brow,
Nor draw no lines there with thine antique pen;   10
Him in thy course untainted do allow
For beauty's pattern to succeeding men.
    Yet do thy worst, old Time: despite thy wrong,
    My love shall in my verse ever live young.

20

A woman's face, with Nature's own hand painted
Hast thou, the master-mistress of my passion;
A woman's gentle heart, but not acquainted
With shifting change, as is false woman's fashion;
An eye more bright than theirs, less false in rolling,   5
Gilding the object whereupon it gazeth;
A man in hue all hues in his controlling,
Which steals men's eyes and women's souls amazeth.
And for a woman wert thou first created;
Till Nature, as she wrought thee, fell a-doting,   10
And by addition me of thee defeated,
By adding one thing to my purpose nothing.
    But since she prick'd thee out for women's pleasure,
    Mine be thy love, and thy love's use their treasure.

19

Zeit, Würgerin, bezwing des Löwen Mut,
Die eignen Kinder schling' die Erd' hinab.
Brich du des nie gezähmten Tigers Wut,
Und stürz den Phönix in das Flammengrab.
Bring wechselnd trüb' und heitre Jahreszeiten.
Mach, Flüchtige, daß deinen Zorn empfinde
Die Welt, mit ihren eiteln Lieblichkeiten;
Nur hüte dich vor einer schweren Sünde:
Oh! rühr nicht an des Freundes zarte Wangen,
Drück auf die schöne Stirne nie dein Siegel.
Laß ungekränkt im Jugendreiz ihn prangen,
Dem künftigen Geschlecht ein Schönheitsspiegel.
    Doch tu dein Ärgstes, Zeit. Trotz deinen Mühen
    Soll des Geliebten Lenz im Verse blühen.

Dorothea Tieck

20

Ein frauenantlitz das Natur selbsthändig
Gemalt – hast du · Herr-Herrin meiner minne ·
Ein zartes frauenherz · doch das nicht ständig
Den wechsel sucht nach falscher frauen sinne.

Ein aug so hell wie ihrs doch nicht so hehlend ·
Jed ding vergoldend worauf es sich wendet ·
Ein mann in form · den formen all befehlend ·
Der mannes aug und weibes seele blendet.

Du warst als frau gedacht als erst dich schaffte
Natur · doch sie verliebte sich beim werke ·
Indem durch zutat sie dich mir entraffte
Tat sie ein ding bei – nicht für meine zwecke.

    Doch da sie dich erlas zu weibes labe ·
    Sei mein dein lieben · ihnen liebes-gabe.

George

21

So is it not with me as with that Muse,
Stirr'd by a painted beauty to his verse,
Who heaven itself for ornament doth use
And every fair with his fair doth rehearse,
Making a couplement of proud compare   5
With sun and moon, with earth and sea's rich gems,
With April's first-born flowers, and all things rare
That heaven's air in this huge rondure hems.
O, let me, true in love, but truly write,
And then believe me, my love is as fair   10
As any mother's child, though not so bright
As those gold candles fix'd in heaven's air:
    Let them say more that like of hearsay well;
    I will not praise that purpose not to sell.

22

My glass shall not persuade me I am old
So long as youth and thou are of one date;
But when in thee time's furrows I behold,
Then look I death my days should expiate.
For all that beauty that doth cover thee   5
Is but the seemly raiment of my heart,
Which in thy breast doth live, as thine in me, –
How can I then be elder than thou art?
O, therefore, love, be of thyself so wary
As I not for myself but for thee will,   10
Bearing thy heart, which I will keep so chary
As tender nurse her babe from faring ill.
    Presume not on thy heart when mine is slain;
    Thou gav'st me thine, not to give back again.

21

So mach ich's nicht, wie's jene Muse macht,
Die angemalte Schönheit lockt zum Lob,
Die braucht als Schmuck sogar des Himmels Pracht
Und alles Schöne in ihr Schönes wob;
Prunkvoll verschlungene Vergleiche reiht
Mit Sonn und Mond, mit Schatz von Meer und Land,
Mit frühstem Blühn und jeder Seltenheit,
Die Himmelsluft im Erdenrund umspannt.
Ich liebe wahrhaft, wahr sei mein Bericht,
Und glaubt mir dann: es ist mein Lieb so schön
Als je ein Menschenkind, erstrahlt's auch nicht
Wie jener Kerzen Gold an Himmelshöhn.
    Es nenne mehr, wer gern sich nennen hört;
    Ich rühm mein Ziel nicht, das am Markt nichts wert.

Keil

22

Nie glaub ich meinem Spiegel, ich sei alt,
Solang die Jugend noch dein Zeitgenoß;
Doch wann du Furchen zeigst, weiß ich alsbald,
Daß Tod die Rechnung meines Lebens schloß.
Denn all die Schönheit, die du trägst an dir,
Ist ja nur meines Herzens schmuckes Kleid;
Meins wohnt in deiner Brust wie deins in mir;
Wie wär' ich älter da als deine Zeit?
Drum hüte du, mein Lieb, dich selbst so achtsam,
Wie ich's – für dich, nicht meinethalben – tu,
Und trag das Herz im Busen fein bedachtsam,
Wie eine Amm' ihr Kind in sichrer Ruh.
    Denn bricht mein Herz, darfst du an deins nicht denken;
    Das gabst du mir, und nicht zum Wiederschenken.

Gildemeister

23

As an unperfect actor on the stage,
Who with his fear is put besides his part,
Or some fierce thing replete with too much rage,
Whose strength's abundance weakens his own heart;
So I, for fear of trust, forget to say   5
The perfect ceremony of love's rite,
And in mine own love's strength seem to decay,
O'ercharg'd with burthen of mine own love's might.
O, let my books be then the eloquence
And dumb presagers of my speaking breast;   10
Who plead for love, and look for recompense
More than that tongue that more hath more express'd.
    O, learn to read what silent love hath writ;
    To hear with eyes belongs to love's fine wit.

24

Mine eye hath play'd the painter and hath stell'd
Thy beauty's form in table of my heart;
My body is the frame wherein 'tis held,
And perspective it is best painter's art.
For through the painter must you see his skill   5
To find where your true image pictur'd lies,
Which in my bosom's shop is hanging still,
That hath his windows glazed with thine eyes.
Now see what good turns eyes for eyes have done:
Mine eyes have drawn thy shape, and thine for me   10
Are windows to my breast, wherethrough the sun
Delights to peep, to gaze therein on thee;
    Yet eyes this cunning want to grace their art,
    They draw but what they see, know not the heart.

23

Dem schlechten Spieler auf der Bühne gleich,
Der ängstlich in der Rolle stockt und irrt,
Oder dem Rasenden, der zornesbleich
Aus überspannter Kraft zum Schwächling wird:
Also vergeß auch ich im Liebeswerben,
Von Zweifeln bang, der Liebesbräuche Pflicht;
Im Rausch der Liebe glaub ich hinzusterben,
Erdrückt von meiner Liebe Vollgewicht.
Laß meine Bücher für mich Rede stehen,
Die stummen Künder der bewegten Brust,
Die Liebe flehn und nach Belohnung sehen,
Mehr als die Zunge, die sonst zielbewußt.
    Entsiegle nur, was Liebe stumm geschrieben:
    Mit Augen hören, das ist feinstes Lieben.

Saenger

24

Mein Auge wird zum Maler, und geschickt
Malt es dein Bild in meines Herzens Tiefe.
Der Rahmen ist mein Leib, durch den man blickt;
Des Malers beste Kunst ist Perspektive.
Nur durch den Künstler schaut dein Herz hinein
Und sieht dein wohlgetroffen Angesicht:
Es hängt in meines Herzens Kämmerlein
Und dies empfängt von deinen Augen Licht.
So schafft *ein* Aug dem *andern* Auge Wonne:
Meins malt dein Bild, und deins in meiner Brust
Dient mir als Fenster, wo hindurch die Sonne
Zu blicken liebt und dich beschaut mit Lust.
    Ach, daß den Augen eine Kunst gebricht:
    Sie malen was sie schaun, die Liebe nicht.

Simrock

25

Let those who are in favour with their stars
Of public honour and proud titles boast,
Whilst I, whom fortune of such triumph bars,
Unlook'd for joy in that I honour most.
Great princes' favourites their fair leaves spread   5
But as the marigold at the sun's eye,
And in themselves their pride lies buried,
For at a frown they in their glory die.
The painful warrior famoused for fight,
After a thousand victories once foil'd,   10
Is from the book of honour razed quite,
And all the rest forgot for which he toil'd:
    Then happy I, that love and am belov'd
    Where I may not remove nor be remov'd.

26

Lord of my love, to whom in vassalage
Thy merit hath my duty strongly knit,
To thee I send this written embassage,
To witness duty, not to show my wit;
Duty so great, which wit so poor as mine   5
May make seem bare, in wanting words to show it,
But that I hope some good conceit of thine
In thy soul's thought, all naked, will bestow it;
Till whatsoever star that guides my moving
Points on me graciously with fair aspect,   10
And puts apparel on my tatter'd loving
To show me worthy of thy sweet respect:
    Then may I dare to boast how I do love thee;
    Till then not show my head where thou mayst prove me.

25

Mag jener, den der Sterne Gunst beglückte,
In öffentlichen Würden stolz sich blähn,
Ich, den Fortuna nicht so glänzend schmückte,
Genieße meiner Ehren ungesehn.
Ein Fürstengünstling spreizt der Blätter Kranz,
So wie die Primel in dem Licht der Sonne;
Doch nur in ihm begraben liegt sein Glanz:
Ein Zürnen, und er stirbt in seiner Wonne.
Der tatendurst'ge Held, an Ehre reich,
Nach tausend Siegen, einmal überwunden,
Wird aus dem Buch des Ruhms verlöschet gleich,
Vergessen sind die Mühn, die Todeswunden.
  Wohl mir! ich gab und fand der Liebe Freuden.
  Wo ich nie scheide, nichts mich zwingt zu scheiden.

Dorothea Tieck

26

Herr meiner Lieb', in dessen Lehenspflicht
Dein Wert so streng als Schuldner mich gebeugt,
Dir send ich diesen schriftlichen Bericht,
Der Schuldnertum, nicht Künstlerruhm, bezeugt.
So große Schuld könnt meine arme Kunst
Kaum decken, da das Wort ihr so versagt ist,
Doch hoff ich, daß ein Glimmen deiner Gunst
In deiner Seele dies bedenkt, die nackt ist,
Bis einst ein Stern, der wacht ob meinen Wegen,
Sich gnädig zu mir stellt im Haus des Glücks,
Um lumpiger Liebe Kleider umzulegen,
Die wert mich machen deines süßen Blicks.
  Dann ziemt' zu rühmen mir, wie ich dich liebe;
  Bis dann, daß dir mein Haupt verborgen bliebe.

Keil

27

Weary with toil, I haste me to my bed,
The dear repose for limbs with travel tired;
But then begins a journey in my head
To work my mind when body's work's expired:
For then my thoughts, from far where I abide, 5
Intend a zealous pilgrimage to thee,
And keep my drooping eyelids open wide,
Looking on darkness which the blind do see:
Save that my soul's imaginary sight
Presents thy shadow to my sightless view, 10
Which, like a jewel hung in ghastly night,
Makes black night beauteous and her old face new.
 Lo, thus, by day my limbs, by night my mind,
  For thee, and for myself, no quiet find.

28

How can I then return in happy plight
That am debarr'd the benefit of rest?
When day's oppression is not eas'd by night,
But day by night and night by day oppress'd?
And each, though enemies to either's reign, 5
Do in consent shake hands to torture me,
The one by toil, the other to complain
How far I toil, still farther off from thee.
I tell the day, to please him, thou art bright
And dost him grace when clouds do blot the heaven; 10
So flatter I the swart-complexion'd night
When sparkling stars twire not thou gild'st the even.
 But day doth daily draw my sorrows longer,
  And night doth nightly make grief's strength seem
             stronger.

27

Eil ich, des Treibens müd, zur Lagerstätte,
Labsal den Gliedern, die vom Gehn erschlafft,
Dann setzt der Kopf das Wandern fort im Bette:
Ist auch der Leib erschöpft, die Seele schafft.
Durch ferne Weiten führt mein Denken mich,
In frommer Pilgerschaft nach dir zu spähn.
Die müdgeschloßnen Augen öffnen sich
Und schaun ins Dunkel, das die Blinden sehn.
Dein Schatten nur, vom Traumlicht meiner Seele
Vor mein lichtloses Auge mir gebracht,
Gleich dem im Dunkel hängenden Juwele
Macht jung und schön die alte schwarze Nacht.
　So wird mein Leib bei Tag, mein Geist bei Nacht
　Durch dich und mich um alle Ruh gebracht.

G. Wolff

28

Wie soll ich denn wohl wieder fröhlich werden,
Da mir des Ruhens Wohltat bleibt verwehrt,
Da nie die Nacht wegnimmt des Tags Beschwerden,
Da Nacht den Tag und Tag die Nacht beschwert?
Die beiden, die doch sonst sich nie vertragen,
Schütteln die Hand sich zur Tortur an mir,
Der Tag mit Wandern und die Nacht mit Klagen,
Wie fern ich wandre, ferner stets von dir.
Dem Tage schmeichl' ich vor, wie deine Pracht
Ihn schmücke, wann Gewölk am Himmel dunkle;
So schmeichl' ich auch der schwarzwangigen Nacht,
Du seist ihr Kleinod, wann kein Sternchen funkle;
　Doch täglich macht der Tag mein Leiden länger,
　Nächtlich die Nacht die bange Trauer bänger.

Gildemeister

29

When, in disgrace with Fortune and men's eyes,
I all alone beweep my outcast state,
And trouble deaf heaven with my bootless cries,
And look upon myself, and curse my fate,
Wishing me like to one more rich in hope,   5
Featur'd like him, like him with friends possess'd,
Desiring this man's art, and that man's scope,
With what I most enjoy contented least;
Yet in these thoughts myself almost despising,
Haply I think on thee, and then my state,   10
Like to the lark at break of day arising
From sullen earth, sings hymns at heaven's gate;
  For thy sweet love remember'd such wealth brings
  That then I scorn to change my state with kings.

30

When to the sessions of sweet silent thought
I summon up remembrance of things past,
I sigh the lack of many a thing I sought,
And with old woes new wail my dear time's waste.
Then can I drown an eye, unus'd to flow,   5
For precious friends hid in death's dateless night,
And weep afresh love's long since cancell'd woe,
And moan th' expense of many a vanish'd sight.
Then can I grieve at grievances foregone,
And heavily from woe to woe tell o'er   10
The sad account of fore-bemoaned moan,
Which I new pay as if not paid before.
  But if the while I think on thee, dear friend,
  All losses are restor'd, and sorrows end.

29

Wann, von der Welt Aug' und vom Glück verschmäht,
Einsam ich jammr' um mein verworfen Teil,
Zum tauben Himmel schrei unnütz Gebet,
Und mich betracht und fluche meinem Heil,
Wünsch andern gleich mich, so im Hoffen keck,
So wohlgestalt, umringt von Freunden so,
Begehre dieses Kunst und jenes Zweck;
Des ich zumeist genieß, am mindsten froh:
In *den* Gedanken, mich verachtend ganz,
Sieh, denk ich dein: mein Leben, wie empor
Die Lerche steigt beim ersten Tagesglanz
Vom düstern Grund, jauchzt laut am Himmelstor.
  Der Lieb' Erinnrung macht mich reich und groß,
  Dann zu verschmähn den Tausch mit Königslos.

Lachmann

30

Wenn ich zu süssen stillen sinnens tag
Aufruf' erinnrung der vergangenheit ·
Beseufze manch ein ding woran mir lag
Und altes weh neu weint um schwund der zeit:

Dann fliesst mein aug dem seltne träne kam
Um teure freunde fern in todesnacht ·
Rinnt um der lang getilgten liebe gram ·
Klagt um den ausfall viel verblichner pracht.

Dann schmerzen mich die schmerzen längst ertragen
Und schwer von weh zu wehe zähl ich her
Die trübe liste schon beklagter klagen
Und zahle sie wie nicht bezahlt vorher.

  Doch denk ich · teurer freund · an dich dieweil ·
  Sind sorgen ferne und verluste heil.

George

31

Thy bosom is endeared with all hearts
Which I by lacking have supposed dead;
And there reigns love and all love's loving parts,
And all those friends which I thought buried.
How many a holy and obsequious tear   5
Hath dear religious love stol'n from mine eye,
As interest of the dead, which now appear
But things remov'd that hidden in thee lie!
Thou art the grave where buried love doth live,
Hung with the trophies of my lovers gone,   10
Who all their parts of me to thee did give;
That due of many now is thine alone.
    Their images I lov'd I view in thee,
    And thou, all they, hast all the all of me.

32

If thou survive my well-contented day,
When that churl Death my bones with dust shall cover,
And shalt by fortune once more re-survey
These poor rude lines of thy deceased lover,
Compare them with the bettering of the time,   5
And though they be outstripp'd by every pen,
Reserve them for my love, not for their rhyme,
Exceeded by the height of happier men.
O, then vouchsafe me but this loving thought:
'Had my friend's Muse grown with this growing age,   10
A dearer birth than this his love had brought,
To march in ranks of better equipage:
    But since he died, and poets better prove,
    Theirs for their style I'll read, his for his love.'

31

Dein Herz ward reich, reich durch ein jeglich Herz,
Das ich verloren gab und wähnte tot.
Lieb herrscht darin mit Liebes-Schmerz und Scherz
Samt aller Freundschaft, der ich Abschied bot.
Wie manche Zähre fromm und kummervoll
Hat teure Minne meinem Aug entwandt!
Sie dünkten mich der Toten Zins und Zoll,
Die ich, in dir verborgen, wiederfand.
Du bist das Grab, drin Liebe lebt und wacht
Bei den Trophän vergangner Gunst und Huld,
Ihr Recht auf mich ward alles dir vermacht:
So bleib ich einzig denn in deiner Schuld.
    Ihr lieblich Bild hab ich in dir allein:
    Ihr Alles, du, mußt all mein Alles sein.

Schröder

32

Wenn du allein zurückgeblieben bist
An jenem Tag, der mich zum Staube bannt,
Und was ich schrieb, zufällig wiederliest,
Die schlichten Zeilen von des Freundes Hand;
Vergleiche sie dem Fortschritt eurer Zeit,
Und achte sie, sei dürftig auch die Schrift,
Der Liebe wegen, nicht der Trefflichkeit,
Die ja die Kunst Beglückterr übertrifft.
Nur denk in liebender Erinnrung mein:
Wär' mit der Zeit des Freundes Lied gediehn,
Der Liebe Zeugen würden schöner sein
Und stolzen Haupts in erster Reihe ziehn;
    Doch da er starb, soll mich in bessern Klängen
    Die Kunst erfreun, das Herz in seinen Sängen.

M. J. Wolff

33

Full many a glorious morning have I seen
Flatter the mountain-tops with sovereign eye,
Kissing with golden face the meadows green,
Gilding pale streams with heavenly alchemy;
Anon permit the basest clouds to ride   5
With ugly rack on his celestial face,
And from the forlorn world his visage hide,
Stealing unseen to west with this disgrace:
Even so my sun one early morn did shine
With all triumphant splendour on my brow;   10
But out, alack! he was but one hour mine,
The region cloud hath mask'd him from me now.
 Yet him for this my love no whit disdaineth;
 Suns of the world may stain when heaven's sun staineth.

34

Why didst thou promise such a beauteous day,
And make me travel forth without my cloak,
To let base clouds o'ertake me in my way,
Hiding thy bravery in their rotten smoke?
'Tis not enough that through the cloud thou break   5
To dry the rain on my storm-beaten face,
For no man well of such a salve can speak
That heals the wound, and cures not the disgrace:
Nor can thy shame give physic to my grief;
Though thou repent, yet I have still the loss;   10
Th' offender's sorrow lends but weak relief
To him that bears the strong offence's cross.
 Ah, but those tears are pearl which thy love sheds,
 And they are rich, and ransom all ill deeds.

33

Wie manchen stolzen Morgen sah ich schon
Mit Herrscherblick der Berge Häupter grüßen:
Sein goldnes Antlitz küßt den bleichen Strom,
Mit Himmelsalchimie vergoldet er die Wiesen.
Und bald darauf, wenn feiger Nebel schwillt,
Wie läßt er trüben seine Götterwange,
Entzieht sein Haupt dem trauernden Gefild
Und eilt mit Schmach, verhüllt zum Untergange.
So fiel von meiner Sonn' auch nur ein früher Schein
Mit allem Siegesglanz mir auf die Brauen:
Doch ach! er war nur eine Stunde mein;
Nun birgt mir ihn der Heimatnebel Grauen.
  Doch meine Liebe drum irrt's ewig nicht:
  Was Himmelssonnen bleicht, trübt wohl ein Erdenlicht.

Regis

34

Wie mochtest schönen Tag du prophezeien,
Daß ich mich ohne Mantel aufgemacht,
Da böse Wolken meinen Pfad umdräuen,
In faule Dünste hüllen deine Pracht?
Oh, nicht genügt's, aus Wolken nun zu brechen,
Zu trocknen mein vom Sturm gepeitscht Gesicht;
Wird niemand gut doch von der Salbe sprechen,
Die nur die Wunde heilt, das Übel nicht;
Auch dein Erröten kann den Schmerz nicht heben:
Bereust du auch, ich habe doch den Schaden;
Des Kränkers Leid wird schwachen Trost dem geben,
Der mit der Kränkung Kreuz ist schwer beladen.
  Doch Perlen sind die Tränen deiner Huld,
  Und sie sind kostbar, lösen jede Schuld.

Richter

35

No more be griev'd at that which thou hast done:
Roses have thorns, and silver fountains mud;
Clouds and eclipses stain both moon and sun,
And loathsome canker lives in sweetest bud.
All men make faults, and even I in this,   5
Authorizing thy trespass with compare,
Myself corrupting, salving thy amiss,
Excusing thy sins more than thy sins are;
For to thy sensual fault I bring in sense —
Thy adverse party is thy advocate —   10
And 'gainst myself a lawful plea commence:
Such civil war is in my love and hate
    That I an accessary needs must be
    To that sweet thief which sourly robs from me.

36

Let me confess that we two must be twain,
Although our undivided loves are one:
So shall those blots that do with me remain,
Without thy help, by me be borne alone.
In our two loves there is but one respect,   5
Though in our lives a separable spite,
Which though it alter not love's sole effect,
Yet doth it steal sweet hours from love's delight.
I may not evermore acknowledge thee,
Lest my bewailed guilt should do thee shame;   10
Nor thou with public kindness honour me,
Unless thou take that honour from thy name:
    But do not so; I love thee in such sort
    As, thou being mine, mine is thy good report.

35

Gräm dich nicht mehr um das, was du getan:
Ros' ist voll Dornen, Silberquell verschlammt,
Gewölk und Schwund fällt Mond und Sonne an,
Und ekler Wurm wohnt in der Knospe Samt.
Es fehlt der Mensch, und darin fehlt' auch ich,
Mit Gleichnis dein Vergehen noch zu weihn,
Mit Selbstbestechung salbend deinen Stich,
Und mehr als du gesündigt zu verzeihn.
Denn für dein sinnlich Fehlen find ich Sinn —
Der dich verklagte, fordert Straferlaß —
Und schlepp mich selbst vor mich, den Richter, hin.
Solch Bürgerkrieg verwirrt mir Lieb und Haß,
  Daß ich als Helfershelfer schließlich hielt
  Zum süßen Dieb, der bitter mich bestiehlt.

Keil

36

Laß mich's gestehn, wir müssen Zweie sein,
Wenn unsre Lieb' uns auch untrennbar einigt;
Ich ohne deine Hilfe trag allein
Die Flecken drum, von denen nichts mich reinigt.
Im Lieben eint das gleiche Ziel uns leicht,
Bedroht im Leben Unheil auch die Brücke,
Dem zwar der Liebe Wunderkraft nicht weicht,
Doch das ihr süße Stunden raubt vom Glücke.
Nicht immer darf ich frei mich zu dir kehren,
Da sonst mein übler Fehl in Schmach dich stürzt;
Auch kann mich offen deine Gunst nur ehren
Mit Ehr', um die dein Name wird verkürzt.
  Doch tu das nicht; so lieb ich dich, als wäre,
  Weil du ja mein bist, mein auch deine Ehre.

Fulda

37

As a decrepit father takes delight
To see his active child do deeds of youth,
So I, made lame by Fortune's dearest spite,
Take all my comfort of thy worth and truth;
For whether beauty, birth, or wealth, or wit,   5
Or any of these all, or all, or more,
Entitled in thy parts do crowned sit,
I make my love engrafted to this store:
So then I am not lame, poor, nor despis'd,
Whilst that this shadow doth such substance give   10
That I in thy abundance am suffic'd,
And by a part of all thy glory live.
    Look what is best, that best I wish in thee;
    This wish I have; then ten times happy me!

38

How can my Muse want subject to invent,
While thou dost breathe that pour'st into my verse
Thine own sweet argument, too excellent
For every vulgar paper to rehearse?
O, give thyself the thanks if aught in me   5
Worthy perusal stand against thy sight;
For who's so dumb that cannot write to thee,
When thou thyself dost give invention light?
Be thou the tenth Muse, ten times more in worth
Than those old nine which rhymers invocate;   10
And he that calls on thee, let him bring forth
Eternal numbers to outlive long date.
    If my slight Muse do please these curious days,
    The pain be mine, but thine shall be the praise.

So wie ein Vater, altersschwach, vergrämt,
Sich seines Kindes freut, wie 's wirkt und schafft,
So zieh auch ich, vom Schicksalshaß gelähmt,
Aus deiner lautern Treue Trost und Kraft.
Denn ob Geburt und Schönheit, Macht und Witz,
Dies und was sonst an Köstlichem noch bliebe,
Dich ausersehn zu seinem Krönungssitz –
Zu solchem Reichtum füg ich meine Liebe.
Nicht lahm bin ich, nicht arm mehr, nicht verachtet,
Weil schon dein Abglanz solches Heil verleiht,
Daß ich, der solches Übermaß betrachtet,
Vom Anschaun lebe deiner Herrlichkeit.
    Das Beste, das es gibt, sei dir zuteil!
    Das wünsch ich dir; mir sprießt dann zehnfach Heil.

Flatter

Wie kann es meiner Mus' an Stoff gebrechen,
So lang du atmest, strömst in mein Gemüt
Dein süßes Selbst, das würdig auszusprechen
Umsonst versuchet ein gewöhnlich Lied?
Dir selber dank es nur, wenn etwas mir,
Das deines Blickes würdig ist, gelingt;
Wer wär' so stumpf und sänge nicht von dir,
Der die Begeistrung anfacht und beschwingt?
Sei zehnte Mus' und zehnfach dein die Kraft
Der alten Neun, zu welchen Reimer flehn;
Wer aber dich anruft, gib, daß er schafft
Gesänge, die zur fernsten Nachwelt gehn.
    Wenn unsrer Zeit mein schlichtes Lied gefällt,
    Sei mein die Mühe, dein der Ruhm der Welt.

Richter

39

O, how thy worth with manners may I sing,
When thou art all the better part of me?
What can mine own praise to mine own self bring?
And what is't but mine own when I praise thee?
Even for this let us divided live,   5
And our dear love lose name of single one,
That by this separation I may give
That due to thee which thou deserv'st alone.
O absence, what a torment wouldst thou prove,
Were it not thy sour leisure gave sweet leave   10
To entertain the time with thoughts of love,
Which time and thoughts so sweetly doth deceive,
    And that thou teachest how to make one twain,
    By praising him here who doth hence remain!

40

Take all my loves, my love, yea, take them all;
What hast thou then more than thou hadst before?
No love, my love, that thou mayst true love call;
All mine was thine before thou hadst this more.
Then if for my love thou my love receivest,   5
I cannot blame thee, for my love thou usest;
But yet be blam'd, if thou thyself deceivest
By wilful taste of what thyself refusest.
I do forgive thy robbery, gentle thief,
Although thou steal thee all my poverty: 10
And yet love knows it is a greater grief
To bear love's wrong than hate's known injury.
    Lascivious grace, in whom all ill well shows,
    Kill me with spites; yet we must not be foes.

39

Wie kann ich schicklich deinen Wert besingen,
Da du der beßre Teil nur bist von mir?
Was kann mein eignes Lob mir selber bringen?
Und wen denn lob ich sonst als mich in dir?
Schon dieserhalb laß uns geschieden leben,
Und unsre Lieb entbehr den Namen Eins;
So kann ich dir in solcher Trennung geben,
Was kein Verdienst verdient als einzig deins.
O Trennung, bittre Qual wär' deine Pein,
Nur daß ich süße Muß' in dir gewinne,
Der Liebe nachzusinnen alle Zeit,
Was süß die Zeit betrügt und meine Sinne,
    Und daß du lehrst, wie eins in zwei sich teilt,
    Wenn ich ihn lobe hier, der ferne weilt.

Gildemeister

40

Nimm meine lieben · lieb · ja nimm sie alle!
Hast du nicht alles · gab ichs nicht schon eh'r?
Kein lieben · lieb · das dir als echt gefalle —
Mein alles war schon dein vor diesem ›mehr‹.

Wenn mir zu liebe du mein lieb empfängst
So tadl' ich nicht wenn du mein lieb bedarfst.
Doch sei getadelt wenn du nur dich hängst
In trotziger lust an das was du verwarfst.

Vergeben sei der raub dir holdem diebe ·
Stiehlst du auch weg all mein geringes gut.
Und doch — weiss liebe! — grössern schmerz bringt liebe
Durch unbill als der hass durch offne wut.

    Wollüstige anmut! dir steht schlechtes fein.
    Quäl mich zu tod! nur feind darfst du nicht sein.

George

41

Those pretty wrongs that liberty commits
When I am sometime absent from thy heart,
Thy beauty and thy years full well befits,
For still temptation follows where thou art.
Gentle thou art, and therefore to be won,   5
Beauteous thou art, therefore to be assail'd;
And when a woman woos, what woman's son
Will sourly leave her till she have prevail'd?
Ay me! but yet thou mightst my seat forbear,
And chide thy beauty and thy straying youth,   10
Who lead thee in their riot even there
Where thou art forc'd to break a twofold truth:
   Hers, by thy beauty tempting her to thee,
   Thine, by thy beauty being false to me.

42

That thou hast her, it is not all my grief,
And yet it may be said I lov'd her dearly;
That she hath thee is of my wailing chief,
A loss in love that touches me more nearly.
Loving offenders, thus I will excuse ye: 5
Thou dost love her because thou know'st I love her;
And for my sake even so doth she abuse me,
Suffering my friend for my sake to approve her.
If I lose thee, my loss is my love's gain,
And losing her, my friend hath found that loss;   10
Both find each other, and I lose both twain;
And both for my sake lay on me this cross.
   But here's the joy: my friend and I are one;
   Sweet flattery! then she loves but me alone!

41

Die hübschen Frevel, die die Freiheit tut,
Wenn ich von deinem Herzen manchmal fern,
Stehn deiner Schönheit, deinen Jahren gut,
Denn wo du bist, folgt die Versuchung gern.
Bist du doch edel, daher lockend schon,
Bist du doch schön, daher erst recht berannt;
Und wenn ein Weib erst wirbt, wes Weibes Sohn
Verließ' sie schnöd, eh sie ihn überwand?
Weh mir! Könntst du doch schonen meins und mich
Und schmähn die Schönheit und die junge Lust,
Die dorthin ziehn in ihrem Taumel dich,
Wo du gleich zwiefach Treue brechen mußt:
   Ihre – durch Schönheit lockst du sie zu dir,
   Deine – durch Schönheit bist du falsch zu mir.

Keil

42

Daß du sie hast, ist nicht mein größter Schmerz,
Ob wahr, daß immer heiß ich sie geliebt;
Daß sie dich hat, verletzet mehr mein Herz,
Ist ein Verlust, der tiefer mich betrübt.
Seid, liebende Verräter, so verteidigt:
Du liebst sie, weil du weißt, daß ich sie liebe;
Und um mein' selber hat sie mich beleidigt,
Den Freund erhört, daß ich geneigt ihr bliebe.
Verlier ich dich, hat Liebchen den Gewinn,
Verlier ich sie, den Fund dann tat mein Freund;
Ihr findet beid' euch, mir sind beide hin,
Beid' um mein' selbst zu meinem Leid vereint:
   Doch Freude macht: Eins sind mein Freund und ich;
   O, süße Schmeichelei, – sie liebt nur mich!

Richter

43

When most I wink, then do mine eyes best see,
For all the day they view things unrespected;
But when I sleep, in dreams they look on thee,
And, darkly bright, are bright in dark directed;
Then thou whose shadow shadows doth make bright,   5
How would thy shadow's form form happy show
To the clear day with thy much clearer light,
When to unseeing eyes thy shade shines so!
How would, I say, mine eyes be blessed made
By looking on thee in the living day,   10
When in dead night thy fair imperfect shade
Through heavy sleep on sightless eyes doth stay!
    All days are nights to see till I see thee,
    And nights bright days when dreams do show thee me.

44

If the dull substance of my flesh were thought,
Injurious distance should not stop my way;
For then, despite of space, I would be brought
From limits far remote, where thou dost stay.
No matter then although my foot did stand   5
Upon the farthest earth remov'd from thee;
For nimble thought can jump both sea and land
As soon as think the place where he would be.
But ah, thought kills me that I am not thought,
To leap large lengths of miles when thou art gone,   10
But that, so much of earth and water wrought,
I must attend time's leisure with my moan;
    Receiving nought by elements so slow
    But heavy tears, badges of either's woe

43

Geschlossen kann mein Aug' am besten sehn,
Das Tages nur auf Unbemerktes blickt.
Denn schlaf ich, kann's im Traume dich erspähln;
Umnachtet hell, ist's Hell' in Nacht geschickt.
Wenn Schatten so dein Schatten hellen mag,
Welch edle Bildung gibt dein Schattenbild
Durch deinen klarern Schein dem klaren Tag,
Da blindes Aug' ein Glanz vom Schatten füllt!
Wie, mein ich, mir's das Aug' erst selig macht,
Wenn's am lebend'gen Tag nun dich erblickt,
Da halber Schattenreiz bei toter Nacht
Unsehndes Aug' in schwerem Schlaf beglückt!
    Der Tag scheint Nacht, erscheinest *du* mir nicht,
    Nacht heller Tag, bist *du* mein Traumgesicht.

Lachmann

44

Wär' meines Fleisches plumper Stoff Gedanke,
Feindlicher Abstand hielte mich nicht auf;
Dann trüg' alsbald mich trotz der Raumesschranke
Vom fernsten Pol zu dir beschwingter Lauf.
Gleichviel, ob dann mein Fuß gefesselt wäre
Am weitest von dir abgelegnen Ort,
Im Nu kreuzt der Gedanke Land und Meere,
So schnell er denkt an seiner Sehnsucht Port.
Ach, tödlich Denken, daß nicht weltdurchjagend
Ich kann Gedanke werden, wenn du weit,
Nein, so viel Erd' und Wasser in mir tragend,
Soll seufzend warten auf die Gunst der Zeit,
    Solch trägen Elementen nur entlehnen
    Ihr schmerzlich Sinnbild, erdenschwere Tränen.

Fulda

45

The other two, slight air and purging fire,
Are both with thee, wherever I abide;
The first my thought, the other my desire,
These present-absent with swift motion slide.   5
For when these quicker elements are gone
In tender embassy of love to thee,
My life, being made of four, with two alone
Sinks down to death, oppress'd with melancholy;
Until life's composition be recur'd
By those swift messengers return'd from thee,   10
Who even but now come back again, assur'd
Of thy fair health, recounting it to me:
   This told, I joy; but then no longer glad,
   I send them back again, and straight grow sad.

46

Mine eye and heart are at a mortal war
How to divide the conquest of thy sight;
Mine eye my heart thy picture's sight would bar,
My heart mine eye the freedom of that right.
My heart doth plead that thou in him dost lie,   5
A closet never pierc'd with crystal eyes;
But the defendant doth that plea deny,
And says in him thy fair appearance lies.
To 'cide this title is impanelled
A quest of thoughts, all tenants to the heart;   10
And by their verdict is determined
The clear eye's moiety and the dear heart's part –
   As thus: mine eye's due is thine outward part,
   And my heart's right thine inward love of heart.

45

Die andern Elemente von den vier
Sind stets um dich, wo ich auch immer bin;
Die Luft – mein Geist –, das Feuer – die Begier –
Sind immerzu im Flug, bald her, bald hin:
Sind sie im Flug zu dir, die leichten, flinken,
Dir zarter Liebe Heroldsdienst zu weihn,
Muß ich, halb tot, schier in die Grube sinken –
Besteh ich doch aus vieren, nicht aus zwein –,
Bis sich mein Wesen neu zusammensetzt
Durch jene Boten, wenn sie heimgekehrt:
Sie bringen frohe Botschaft – eben jetzt –,
Daß du gesund bist, heil und unversehrt.
 So sehr 's mich freut, nicht lang bin ich beglückt:
 Gleich send ich sie aufs neu – und bin bedrückt.

Flatter

46

Mein Aug und Herz befehden sich gar wild,
Wie sie den Kampfpreis deines Anblicks teilen:
Das Aug entzög' dem Herzen gern dein Bild;
Das Herz mißgönnt dem Auge dort zu weilen.
Das Herz erklärt, in ihm nur wohnest du,
Wo kein Kristallaug eindring in die Klause;
Jedoch Beklagter gibt den Satz nicht zu
Und sagt, daß all dein Reiz in ihm nur hause.
Als Schöffen sind vereint zum Richterspruch
Gedanken viel, des Herzens Kronvasallen,
Und sie entscheiden, welcher Teil und Bruch
Aufs klare Aug und wahre Herz entfallen,
 Als so: fürs Auge deine äußre Hülle,
 Fürs Herz dein Herz mit seiner Liebesfülle.

Gildemeister

47

Betwixt mine eye and heart a league is took,
And each doth good turns now unto the other:
When that mine eye is famish'd for a look,
Or heart in love with sighs himself doth smother,
With my love's picture then my eye doth feast,   5
And to the painted banquet bids my heart;
Another time mine eye is my heart's guest
And in his thoughts of love doth share a part;
So, either by thy picture or my love,
Thyself away art present still with me;   10
For thou not farther than my thoughts canst move,
And I am still with them, and they with thee;
　　Or if they sleep, thy picture in my sight
　　Awakes my heart to heart's and eye's delight.

48

How careful was I when I took my way,
Each trifle under truest bars to thrust,
That to my use it might unused stay
From hands of falsehood, in sure wards of trust!
But thou, to whom my jewels trifles are,   5
Most worthy comfort, now my greatest grief,
Thou, best of dearest, and mine only care,
Art left the prey of every vulgar thief.
Thee have I not lock'd up in any chest,
Save where thou art not, though I feel thou art,   10
Within the gentle closure of my breast,
From whence at pleasure thou mayst come and part;
　　And even thence thou wilt be stol'n, I fear.
　　For truth proves thievish for a prize so dear.

47

Mein Herz und Auge sind zum Bund vereint,
Und wechselnd sich zu dienen ihr Bestreben:
Wenn dies mein Auge schmachtend nach dir weint,
Mein liebend Herz sehnsücht'ge Seufzer heben,
Wenn dann mein Auge froh dein Bild erfaßt,
Lädt es das Herz zu seinem Feste ein;
Das Aug' ist wieder dann des Herzens Gast
Und teilet seine Liebesträumerein:
So durch dein Bild wie meine Liebe weilest
Du immer, bist du ferne gleich, bei mir,
Denn den Gedanken nimmer du enteilest,
Ich bin bei ihnen stets und sie bei dir;
   Und schlafen sie, so weckt dein Bild aufs neue
  Mein Herz, daß es sich samt dem Auge freue.

Richter

48

Wie sorgsam hab vor Anfang meiner Fahrt
Ich jeden Tand verriegelt treu und gut,
Ihn mir zum Nutzen ungenutzt verwahrt
Vor Truges Hand in treuer Truhen Hut!
Doch du, vor dem nur Tand ist mein Geschmeid,
Wertvollster Schmuck du, nun mein schwerster Schmerz,
Kostbarstes, einziges Ziel der Wachsamkeit,
Bliebst Beute jedem Dieb von allerwärts.
Dich hab ich in kein Safe zu tun gewußt,
Als wo ich stets gefühlt dich, nie gesehn:
Als in den zarten Kerker meiner Brust,
Wo du nach Lust bald kommen kannst, bald gehn;
   Die Angst, daß man auch dort dich stehle, blieb,
  Um solchen Preis wird Treue selbst zum Dieb.

Keil

49

Against that time, if ever that time come,
When I shall see thee frown on my defects,
When as thy love hath cast his utmost sum,
Call'd to that audit by advis'd respects;
Against that time when thou shalt strangely pass   5
And scarcely greet me with that sun, thine eye,
When love, converted from the thing it was,
Shall reasons find of settled gravity –
Against that time do I ensconce me here
Within the knowledge of mine own desert,   10
And this my hand against myself uprear,
To guard the lawful reasons on thy part:
    To leave poor me thou hast the strength of laws,
    Since why to love I can allege no cause.

50

How heavy do I journey on the way,
When what I seek, my weary travel's end,
Doth teach that ease and that repose to say:
'Thus far the miles are measur'd from thy friend!'
The beast that bears me, tired with my woe,   5
Plods dully on, to bear that weight in me,
As if by some instinct the wretch did know
His rider lov'd not speed being made from thee.
The bloody spur cannot provoke him on
That sometimes anger thrusts into his hide,   10
Which heavily he answers with a groan,
More sharp to me than spurring to his side;
    For that same groan doth put this in my mind:
    My grief lies onward, and my joy behind.

49

Für jene Zeit, käm' je die Zeit heran,
Da ich dich finster säh' auf meine Mängel schmollen;
Wenn deine Lieb' ihr höchst Gebot getan,
Rücksichtlich klug bedacht die Rechnung abzuzollen:
Für jene Zeit, wenn fremd an mir dahin
Du wandeln wirst, dein Sonnenauge kaum
Noch hergewandt, entflohn der Liebe Sinn,
Gemeßne Förmlichkeit an ihrem Raum:
Für jene Zeit will ich geduldiglich
Hier aufs Bewußtsein meines Werts mich stützen;
Ja, diese Hand erheb ich wider mich,
Dein klares Recht an deinem Teil zu schützen.
 Nach des Gesetzes Kraft kannst du mich Armen fliehn;
 Daß ich dich lieben darf, ist mir kein Grund verliehn.

Regis

50

Wie mühsam dehnt sich meine Tagereise,
Wenn selbst am Ziel, da ich kann rastend weilen,
Mir nichts erklingt, als diese eine Weise:
Vom Liebsten trennen dich so viele Meilen.
Mein Tier schleicht träg mit meinem Kummer weiter,
Mich tragend mit der Last, die in mir drückt,
Als witterte die Kreatur, der Reiter
Sei nicht für Eile, die ihn dir entrückt.
Der blutge Stachel, den ihm wohl mein Zorn
Zuweilen in die Haut stößt, reizt es nicht;
Nur Stöhnen ist die Antwort auf den Sporn,
Das mehr mich, als das Tier der Stachel, sticht.
 Denn durch sein Stöhnen mahnet mich das Tier:
 Vor mir liegt Weh, mein Glück liegt hinter mir.

G. Wolff

51

Thus can my love excuse the slow offence
Of my dull bearer, when from thee I speed:
From where thou art why should I haste me thence?
Till I return, of posting is no need.
O, what excuse will my poor beast then find, 5
When swift extremity can seem but slow?
Then should I spur, though mounted on the wind;
In winged speed no motion shall I know:
Then can no horse with my desire keep pace;
Therefore desire, of perfect'st love being made, 10
Shall neigh – no dull flesh – in his fiery race;
But love, for love, thus shall excuse my jade:
    Since from thee going he went wilful slow,
    Towards thee I'll run, and give him leave to go.

52

So am I as the rich whose blessed key
Can bring him to his sweet up-locked treasure,
The which he will not every hour survey,
For blunting the fine point of seldom pleasure.
Therefore are feasts so solemn and so rare, 5
Since, seldom coming, in the long year set,
Like stones of worth they thinly placed are,
Or captain jewels in the carcanet.
So is the time that keeps you as my chest,
Or as the wardrobe which the robe doth hide, 10
To make some special instant special blest
By new unfolding his imprison'd pride.
    Blessed are you, whose worthiness gives scope,
    Being had, to triumph, being lack'd, to hope.

51

Drum liebend gönn ich Nachsicht meinem trägen,
Bockbeingen Gaul, wenn fort von dir ich reit.
Verlaß ich dich, warum ins Zeug sich legen?
Zur Eile ist's erst auf dem Rückweg Zeit.
Wird dann mein armes Tier auch Nachsicht finden,
Wenn schnellster Lauf mir nur erscheint als Schleichen?
Ich gäb die Sporen, lief es mit den Winden,
Sein Flug selbst würde mir dem Stillstehn gleichen.
Mit Sehnsucht, die aus höchster Liebe stammt,
Hält dann kein Pferd mehr Schritt. Der Sehnsucht Jagen,
Nicht träges Fleisch, soll wiehern glutentflammt!
Doch wird vom Rößlein Liebe liebend sagen:
  Mißmutig schlich von dir hinweg das Tier,
  Zurück geh's, wie es mag: ich lauf zu dir.

G. Wolff

52

Dem Reichen gleich ich dem sein liebes schloss
Aufspringt zum süss verborgenen besitze
Dess anblick er nicht jederzeit genoss
Dass nicht verstumpft der seltnen freude spitze.

Feste sind drum so einzig und so hehr
Weil dünn-gesezt sie langes jahr durchschneiden
Wie edle steine · seltner wiederkehr ·
Und wie die hauptjuwelen an geschmeiden.

So hält die zeit dich mir wie eine lade
Und wie das fach vom feierkleid gefüllt:
Besondre stunde bringt besondre gnade
Wenn sie den eingefangnen prunk enthüllt.

  Gesegnet bist du: dessen wert · wenn offen
  Zum jubel anlässt · wenn verdeckt · zum hoffen.

George

53

What is your substance, whereof are you made,
That millions of strange shadows on you tend?
Since every one hath, every one, one shade,
And you, but one, can every shadow lend.
Describe Adonis, and the counterfeit   5
Is poorly imitated after you;
On Helen's cheek all art of beauty set,
And you in Grecian tires are painted new.
Speak of the spring and foison of the year,
The one doth shadow of your beauty show,   10
The other as your bounty doth appear;
And you in every blessed shape we know.
   In all external grace you have some part,
    But you like none, none you, for constant heart.

54

O, how much more doth beauty beauteous seem
By that sweet ornament which truth doth give!
The rose looks fair, but fairer we it deem
For that sweet odour which doth in it live.
The canker-blooms have full as deep a dye   5
As the perfumed tincture of the roses,
Hang on such thorns, and play as wantonly
When summer's breath their masked buds discloses;
But for their virtue only is their show,
They live unwoo'd, and unrespected fade;   10
Die to themselves. Sweet roses do not so;
Of their sweet deaths are sweetest odours made:
   And so of you, beauteous and lovely youth,
    When that shall vade, by verse distills your truth.

53

Aus welchem Stoff, von welcherlei Natur
Bist du, daß so viel Tausend Schatten dein?
Sonst jeder hat je einer einen nur,
Du einer kannst wohl jedem Schatten leihn.
Beschreib Adonis; und in kleinem Maß
Ist ärmlich dir das Abbild nachgemacht.
Gib Zauberreiz den Wangen Helenas;
Du bist gemalt in einer Griechin Tracht.
Vom Lenze red und von des Jahres Fülle;
Er zeigt von deinem Reiz ein Schatten sich,
Die andr' erscheint wie dein mildreicher Wille:
In jedem edeln Bild erkennt man·dich.
   Teil hast du an jedweder äußern Zier:
   An Treu' gleichst keinem du, und keines dir.

Lachmann

54

O wieviel schöner strahlt die Schönheit doch
Im edlen Schmuck, den ihr die Treue leiht.
Die Ros' ist süß, und dünkt uns süßer noch,
Um ihres Duftes reiner Lieblichkeit.
Wohl ist auch tief gefärbt die wilde Rose,
Und gleicht der echten Blume duft'gem Glanz,
Sie spielt auf zartem Strauch im Windgekose,
Erschließt ein Frühlingshauch der Blätter Kranz;
Doch weil ihr Wert nur hängt am äußern Schimmer,
So blüht sie ungesehn, welkt und vergeht;
Sie stirbt sich selbst; die süße Rose nimmer,
Weil süßer Duft aus ihrem Tod entsteht.
   So ist es, Freund, mit deiner Schönheit Blüte:
   Stirbt sie, bewahrt mein Vers dein treu Gemüte.

Dorothea Tieck

55

Not marble, nor the gilded monuments
Of princes shall outlive this powerful rhyme;
But you shall shine more bright in these contents
Than unswept stone, besmear'd with sluttish time.
When wasteful war shall statues overturn,   5
And broils root out the work of masonry,
Nor Mars his sword nor war's quick fire shall burn
The living record of your memory.
'Gainst death and all-oblivious enmity
Shall you pace forth; your praise shall still find room,   10
Even in the eyes of all posterity
That wear this world out to the ending doom.
   So, till the judgment that yourself arise,
    You live in this, and dwell in lovers' eyes.

56

Sweet love, renew thy force; be it not said
Thy edge should blunter be than appetite,
Which but to-day by feeding is allay'd,
To-morrow sharpen'd in his former might:
So, love, be thou; although to-day thou fill   5
Thy hungry eyes, even till they wink with fulness,
To-morrow see again, and do not kill
The spirit of love with a perpetual dulness.
Let this sad interim like the ocean be
Which parts the shore where two contracted new   10
Come daily to the banks, that, when they see
Return of love, more blest may be the view;
   Or call it winter, which, being full of care,
    Makes summer's welcome thrice more wish'd, more rare.

55

Nicht marmor lebt und nicht vergoldet mal
Solang als diese mächtigen melodien ·
Nicht scheint so hell als dieser reihen zahl
Der schmutzige stein von ekler zeit bespien.

Wenn grimmiger krieg die säulen überrennt
Und streit das werk stürzt das der maurer schuf:
Nicht schwert des Mars · nicht kriegesfeuer brennt
Deines gedächtnisses lebendigen ruf.

Durch tod und allvergessenden verdruss
Gehst du hindurch .. dein preis bleibt noch bestellt
Im auge aller künftigen die die welt
Aufbrauchen bis zu dem verhängten schluss.

   So lebst du · bis du aufstehst beim gericht ·
   Hierin und in der Liebenden gesicht.

George

56

O Lieb', erneu die Kräfte! Heiß' es nicht,
Mehr stumpf sei dir die Schneid' als Essenslust,
Die, ob sie heut sich an der Speise bricht,
Sich morgen scharf wird alter Kraft bewußt.
So, Liebe, sei auch du: wenn heut du pflegst
Dein hungrig Auge, bis sich's schließt vor Sattheit,
Schau morgen wieder, daß du nicht erschlägst
Der Liebe Geist in einer steten Mattheit.
Die leide Zwischenzeit sei Ozean,
Der trennt den Strand, wo neuverbundne Zwei
Zum Ufer täglich gehn, daß, sehn sie dann
Rückkehr der Lieb', ihr Schaun beglückter sei.
   Ach, Winter heiße sie, der, sorgenschwer
   Macht Sommers Nahn dreifach erwünscht und hehr.

Lachmann

57

Being your slave, what should I do but tend
Upon the hours and times of your desire?
I have no precious time at all to spend,
Nor services to do, till you require.
Nor dare I chide the world-without-end hour,   5
Whilst I, my sovereign, watch the clock for you,
Nor think the bitterness of absence sour
When you have bid your servant once adieu;
Nor dare I question with my jealous thought
Where you may be, or your affairs suppose,   10
But, like a sad slave, stay and think of nought
Save where you are how happy you make those.
   So true a fool is love that in your will,
   Though you do anything, he thinks no ill.

58

That god forbid that made me first your slave
I should in thought control your times of pleasure,
Or at your hand th' account of hours to crave,
Being your vassal bound to stay your leisure!
O, let me suffer, being at your beck,   5
Th' imprison'd absence of your liberty,
And patience, tame to sufferance, bide each check
Without accusing you of injury.
Be where you list; your charter is so strong
That you yourself may privilege your time   10
To what you will; to you it doth belong
Yourself to pardon of self-doing crime.
   I am to wait, though waiting so be hell,
   Not blame your pleasure, be it ill or well.

57

Ich, als dein Sklav, wie hätt' ich andre Pflicht,
Als deinem Wunsch allzeit bereit zu stehen?
Kostbare Zeit zu opfern hab ich nicht,
Noch Dienste, bis du forderst, zu versehen;
Auch schelt ich nicht der Stund endlose Dauer,
Wann ich, mein Fürst, dein harre nach der Uhr;
Find auch die Bitterkeit des Gehns nicht sauer,
Wann du zu deinem Knecht sagst: gehe nur;
Auch nicht mit eifersücht'gem Grübeln frag ich,
Wo du wohl sein magst oder was du treibst;
Nein, wie ein stiller Sklav, ganz leise sag ich:
›Wie glücklich machst du jene, wo du bleibst!‹
  Solch treuer Narr ist Liebe; du beginn,
  Was es auch sei, sie sieht kein Arg darin.

Gildemeister

58

Verhüte Gott, der Euch mich schuf zum Knecht,
Daß ich erforschte, wann Ihr Euch vergnüget,
Und Zeitbericht zu heischen mich erfrecht',
Da Eure Muße über mich verfüget.
Laßt mich ertragen (Euer Wink gilt bloß)
Der Trennung Haft, wenn Ihr in Freiheit seid:
Geduld, kaum tragbar zahm, trüg jedes Los
Und zieh Euch nie der Ungerechtigkeit.
Seid wo Ihr wollt: Eur Freibrief räumt Euch ein,
Daß Ihr Euch selbst die beste Zeit erwählt;
Tut was Ihr wollt: Es ist an Euch allein,
Selbst zu vergeben, wo Ihr selbst gefehlt.
  Mein Teil ist Warten (Warten – Höllenglut!),
  Nicht tadeln Eure Lust, ob schlimm, ob gut.

Keil

If there be nothing new, but that which is
Hath been before, how are our brains beguil'd,
Which labouring for invention bear amiss
The second burthen of a former child!
O, that record could with a backward look,   5
Even of five hundred courses of the sun,
Show me your image in some antique book,
Since mind at first in character was done!
That I might see what the old world could say
To this composed wonder of your frame;   10
Whether we are mended, or whe'er better they,
Or whether revolution be the same.
   O, sure I am, the wits of former days
   To subjects worse have given admiring praise.

60

Like as the waves make towards the pebbled shore,
So do our minutes hasten to their end;
Each changing place with that which goes before,
In sequent toil all forwards do contend.
Nativity, once in the main of light,   5
Crawls to maturity, wherewith being crown'd,
Crooked eclipses 'gainst his glory fight,
And Time that gave doth now his gift confound.
Time doth transfix the flourish set on youth,
And delves the parallels in beauty's brow,   10
Feeds on the rarities of nature's truth,
And nothing stands but for his scythe to mow.
   And yet to times in hope my verse shall stand,
   Praising thy worth, despite his cruel hand.

59

Wenn es nichts Neues gibt, nein, alles Leben
Schon da war, wie ist unser Geist geprellt,
Der ein vorherig Kind im Schöpferstreben
Als Mißgeburt noch einmal bringt zur Welt!
O böte mir der Rückblick der Geschichte
Fünfhundert Sonnenläufe weit entfernt
Dein Bild in eines alten Buches Lichte,
Seit erstmals der Gedanke Schrift gelernt!
Damit ich säh', wie man vor grauen Jahren
Das Wunder deiner Wohlgestalt geehrt,
Ob wir die Bessern sind, ob's jene waren
Oder im Umschwung alles wiederkehrt.

  O, weiß ich doch, der Vorzeit Geist erhob
  Oft schlechtern Gegenstand mit höchstem Lob.

Fulda

60

Wie wogen drängen nach dem steinigen strand
Ziehn unsre stunden eilig an ihr end
Und jede tauscht mit der die vorher stand
Mühsamen zugs nach vorwärts nötigend.

Geburt · einstmals in einer flut von licht ·
Kriecht bis zur reife .. kaum damit geschmückt ·
Droht schiefe finstrung die den glanz durchbricht
Und Zeit die gab hat ihr geschenk entrückt.

Zeit sticht ins grün der jugend ihre spur
Und höhlt die linie in der schönheit braue ·
Frisst von den kostbarkeiten der natur ..
Nichts ist worein nicht ihre sense haue.

  Doch hält mein vers für künftig alter stand ·
  Preist deinen wert trotz ihrer grimmen hand.

George

61

Is it thy will thy image should keep open
My heavy eyelids to the weary night?
Dost thou desire my slumbers should be broken,
While shadows like to thee do mock my sight?
Is it thy spirit that thou send'st from thee 5
So far from home into my deeds to pry,
To find out shames and idle hours in me,
The scope and tenour of thy jealousy?
O no! thy love, though much, is not so great:
It is my love that keeps mine eye awake; 10
Mine own true love that doth my rest defeat,
To play the watchman ever for thy sake:
    For thee watch I, whilst thou dost wake elsewhere,
    From me far off, with others all too near.

62

Sin of self-love possesseth all mine eye,
And all my soul, and all my every part;
And for this sin there is no remedy,
It is so grounded inward in my heart.
Methinks no face so gracious is as mine, 5
No shape so true, no truth of such account,
And for myself mine own worth do define
As I all other in all worths surmount.
But when my glass shows me my self indeed,
Beated and chopp'd with tann'd antiquity, 10
Mine own self-love quite contrary I read;
Self so self-loving were iniquity.
    'Tis thee, my self, that for myself I praise,
    Painting my age with beauty of thy days.

61

Ist es dein Wille, daß in öden Nächten
Dein Bild mein müdes Auge wach erhält?
Begehrest du den Schlummer mir zu brechen
Mit einem Schatten, der wie du sich stellt?
Ist es dein Geist, den du als Spürer meiner Werke
So weit vom Hause sendest unbefugt,
Daß er auf meine Scham und eiteln Stunden merke,
Zum Ziel und Zunder deiner Eifersucht?
O nein! so feurig liebst du nicht, wie brav
Auch immer. *Meine* Liebe heißt mich wachen;
Mein eignes treues Herz raubt mir den Schlaf,
Um dich den Wächter immerfort zu machen.
  Weit von dir lieg ich wachend um dich da:
  Du wachst woanders, andern viel zu nah.

Regis

62

Der Eigenliebe Schuld hat Aug und Seele
Und jede Faser meines Seins durchtränkt;
Kein Mittel gibt es wider diese Fehle,
Die in mein tiefstes Herz sich eingesenkt.
Kein Antlitz deucht so hold mir wie das meine,
Kein Wuchs so echt, kein Wert so ohne Frage;
Ich sehe mein Verdienst in solchem Scheine,
Daß ich in Allem Alles überrage.
Doch zeigt der Spiegel mir mein wahres Wesen,
Zermalmt, zerschunden von des Alters Zahn,
Muß ich die Eigenliebe anders lesen:
Sich so zu lieben wäre sündger Wahn.
  Du bist mein Selbst, von dem ich sing und sage,
  Verjüngt vom Blütenschimmer meiner Tage.

Saenger

63

Against my love shall be as I am now,
With Time's injurious hand crush'd and o'erworn;
When hours have drain'd his blood and fill'd his brow
With lines and wrinkles; when his youthful morn
Hath travell'd on to age's steepy night,   5
And all those beauties whereof now he's king
Are vanishing or vanish'd out of sight,
Stealing away the treasure of his spring –
For such a time do I now fortify
Against confounding age's cruel knife,   10
That he shall never cut from memory
My sweet love's beauty, though my lover's life:
  His beauty shall in these black lines be seen,
  And they shall live, and he in them still green.

64

When I have seen by Time's fell hand defac'd
The rich proud cost of outworn buried age;
When sometime lofty towers I see down-raz'd,
And brass eternal slave to mortal rage;
When I have seen the hungry ocean gain   5
Advantage on the kingdom of the shore,
And the firm soil win of the wat'ry main,
Increasing store with loss, and loss with store;
When I have seen such interchange of state,
Or state itself confounded to decay;   10
Ruin hath taught me thus to ruminate –
That Time will come and take my love away.
  This thought is as a death, which cannot choose
  But weep to have that which it fears to lose.

63

Weil einst mein Freund so sein wird wie ich jetzt,
Mürb und zerstoßen von der Faust der Zeit,
Sein Blut vertrocknet, seine Stirn zerfetzt
Von Runzeln, seines Morgens Lieblichkeit
Vorrückend zu des Alters jäher Nacht;
Die Reize, deren König heut er ist,
Allmählich sterbend oder umgebracht,
Geraubt die Schätze seiner Maienfrist;
Weil solche Zeit kommt, rüst ich mich auf sie:
Das Alter mag sein grausam Messer heben,
Doch schneiden soll's aus dem Gedächtnis nie
Des Liebsten Schönheit wie sein liebes Leben.
  In schwarzer Schrift glänzt seine Schönheit hier,
  Und wie die Schrift fortlebt, grünt er in ihr.

Gildemeister

64

Wenn ich gesehn von Hand der Zeit entstellt
Zu Tod getragnen Alters Kostbarkeit,
Wenn manchen stolzen Turm ich seh gefällt
Und ewiges Erz der Todeswut geweiht;
Wenn ich gesehn das Meer, das hungrig zehrt
Am Königreich des Strandes, den 's beleckt;
Wie fester Grund sich aus dem Meere mehrt,
Zuwachs mit Schwund und Schwund mit Zuwachs deckt;
Wenn ich gesehn der Herrschaft Los so drehn,
Ja Herrschaft selbst, die ins Verderben trieb,
Lehrt mich Verfall dem Grübeln nachzugehn,
Daß Zeit einst kommt und mir entreißt mein Lieb.
  Solch Sinnen ist wie Tod, das ganz allein
  Weint um Besitz aus Angst, es büß ihn ein.

Keil

65

Since brass, nor stone, nor earth, nor boundless sea,
But sad mortality o'ersways their power,
How with this rage shall beauty hold a plea,
Whose action is no stronger than a flower?
O, how shall summer's honey breath hold out   5
Against the wrackful siege of battering days,
When rocks impregnable are not so stout,
Nor gates of steel so strong, but Time decays?
O fearful meditation! where, alack,
Shall Time's best jewel from Time's chest lie hid?   10
Or what strong hand can hold his swift foot back?
Or who his spoil of beauty can forbid?
  O, none, unless this miracle have might,
    That in black ink my love may still shine bright.

66

Tir'd with all these, for restful death I cry:
As, to behold Desert a beggar born,
And needy Nothing trimm'd in jollity,
And purest Faith unhappily forsworn,
And gilded Honour shamefully misplac'd,   5
And maiden Virtue rudely strumpeted,
And right Perfection wrongfully disgrac'd,
And Strength by limping Sway disabled,
And Art made tongue-tied by Authority,
And Folly, Doctor-like, controlling Skill,   10
And simple Truth miscall'd Simplicity,
And captive Good attending captain Ill –
  Tir'd with all these, from these would I be gone,
    Save that, to die, I leave my love alone.

65

Ob Erz, ob Stein, ob Erde, endlos Meer —
Der böse Tod, er meistert alle leicht;
Wie setzt sich Schönheit seinem Grimm zur Wehr,
Die kaum an Kräften einer Blume gleicht?
Wie soll des Sommers süßer Odem dauern
Und trotzen wildem Sturm an strengem Tag,
Wenn Eisengitter nicht, nicht Felsenmauern,
So stark sind, daß die Zeit sie nicht zerschlag?
O schrecklich Grübeln! Wo soll in der Welt
Vorm Griff der Zeit ihr best Juwel sich hüten?
Welch Hand den Fuß mit Kraft zurück ihr hält?
Wer könnt den Raub der Schönheit ihr verbieten?
    Ach, keiner, wenn vollbracht dies Wunder nicht,
    Daß schwarze Schrift den Freund macht ewig licht.

Freund

66

Dies alles müd ruf ich nach todes rast:
Seh ich Verdienst als bettelmann geborn
Und dürftiges Nichts in herrlichkeit gefasst
Und reinsten Glauben unheilvoll verschworn

Und goldne Ehre schändlich missverwandt
Und jungfräuliche Tugend roh geschwächt
Und das Vollkommne ungerecht verbannt
Und Kraft durch lahme lenkung abgefächt

Und Kunst schwer-zungig vor der obrigkeit
Und Geist vorm doktor Narrheit ohne recht
Und Einfachheit missnannt Einfältigkeit
Und sklave Gut in dienst beim herren Schlecht.

    Dies alles müd möcht ich gegangen sein ·
    Liess ich nicht · sterbend · meine lieb allein.

George

Ah, wherefore with infection should he live
And with his presence grace impiety,
That sin by him advantage should achieve,
And lace itself with his society?
Why should false painting imitate his cheek,   5
And steal dead seeming of his living hue?
Why should poor beauty indirectly seek
Roses of shadow, since his rose is true?
Why should he live now Nature bankrupt is,
Beggar'd of blood to blush through lively veins?   10
For she hath no exchequer now but his,
And, proud of many, lives upon his gains.
    O, him she stores, to show what wealth she had
    In days long since, before these last so bad.

Thus is his cheek the map of days outworn,
When beauty liv'd and died as flowers do now,
Before these bastard signs of fair were borne,
Or durst inhabit on a living brow;
Before the golden tresses of the dead,   5
The right of sepulchres, were shorn away
To live a second life on second head;
Ere beauty's dead fleece made another gay.
In him those holy antique hours are seen,
Without all ornament, itself and true,   10
Making no summer of another's green,
Robbing no old to dress his beauty new;
    And him as for a map doth Nature store,
    To show false Art what beauty was of yore.

67

Weshalb muß er in dieser Seuche leben,
Gottlosigkeit mit seinem Dasein weihn,
Und so der Sünde noch ein Ansehn geben,
Mit seiner Gegenwart ihr Wert verleihn?
Borgt Schminkkunst sich als Vorbild seine Wangen,
Stiehlt toten Anschein vom lebend'gen Sein?
Soll Schönheit arm in Schattenrosen prangen,
Solange seine Rose echt und rein?
Warum lebt er im Abbruch der Natur,
Der zum Erröten kaum das Blut mehr rollt,
Die keinen Schatz mehr hat als seinen nur,
Und, stolz auf vieles, lebt von seinem Sold?
   Oh, ihn bewahrt sie, um die Pracht zu zeigen,
   Die einst in beßren Tagen war ihr eigen.

Ilse Krämer

68

So ist sein Antlitz Bild aus fernen Tagen,
Da Schönheit lebt' und starb wie Blumen nun,
Eh' jener Bastardschmuck noch ward getragen,
Und wagte, auf lebendiger Stirn zu ruhn;
Eh' man der Toten Goldhaar vor dem Grab,
Dem es zu Recht gehört, wegscheren ließ,
Ein neues Sein auf neuem Haupt ihm gab,
Eh' froh man nützte toter Schönheit Vließ:
In ihm seht heilige alte Zeit ihr blühn,
Ohn alle Zier, echt und sich selbst getreu,
Die keinen Sommer macht aus fremdem Grün,
Mit altem Raub nicht Schönheit kleidet neu.
   Und ihn als Muster hat Natur bewahrt,
   Zu zeigen eurer falschen Schönheit Art.

Freund

69

Those parts of thee that the world's eye doth view
Want nothing that the thought of hearts can mend;
All tongues, the voice of souls, give thee that due,
Uttering bare truth, even so as foes commend.
Thine outward thus with outward praise is crown'd;   5
But those same tongues that give thee so thine own
In other accents do this praise confound
By seeing farther than the eye hath shown.
They look into the beauty of thy mind,
And that, in guess, they measure by thy deeds;   10
Then, churls, their thoughts, although their eyes were kind,
To thy fair flower add the rank smell of weeds.
    But why thy odour matcheth not thy show,
    The soil is this – that thou dost common grow.

70

That thou art blam'd shall not be thy defect,
For slander's mark was ever yet the fair;
The ornament of beauty is suspect,
A crow that flies in heaven's sweetest air.
So thou be good, slander doth but approve   5
Thy worth the greater, being woo'd of time;
For canker vice the sweetest buds doth love,
And thou present'st a pure unstained prime.
Thou hast pass'd by the ambush of young days,
Either not assail'd, or victor being charg'd;   10
Yet this thy praise cannot be so thy praise
To tie up envy, evermore enlarg'd:
    If some suspect of ill mask'd not thy show,
    Then thou alone kingdoms of hearts shouldst owe.

69

Soviel der Menschen Blick an dir mag sehn,
Bist in der Herzen Urteil du vollkommen;
Jedwede Zunge muß es dir gestehn,
Das Wahre läßt der Feind selbst unbenommen.
Den äußern Reiz wird äußre Ehre krönen,
Doch, die dir recht getan, die selben Zungen
Zerstören bald dein Lob mit andern Tönen,
Sobald man tiefer als das Aug gedrungen.
In Tiefen deiner Seele wird man spüren,
Die Seele deutend nach der Taten Güte;
Doch die Gedanken, trüb und wild, berühren
Mit geilem Duft von Unkraut deine Blüte.
   Doch warum stimmt dein Duft nicht mit dem Schein?
   Das eben ist der Grund: du wirst gemein.

Saenger

70

Daß man dich tadelt, ist nicht schimpflich dir:
Der Schande Ziel war immer ja, was schön;
Und eben Argwohn ist der Schöne Zier,
Ein Rabe, fliegend in den klarsten Höhn.
Sei gut, und deinen Wert beweist die Schmach
Nur größer; denn die Welt begehrt ja dein.
Der Wurmfraß geht den zärtsten Knospen nach:
Du beutst ein Blühn dar, unbefleckt und rein.
Du gingst vorbei der Kindheit Hinterhalt,
Sei's ohne Sturm, sei's siegend, griff sie an:
Der Ruhm hat nicht doch solches Ruhms Gewalt,
Der Neid, so stets sich breitet, engen kann.
   Umhüllte nicht noch Argwohn deinen Glanz, –
   Der Herzen Königtum, dein wär es ganz.

Lachmann

71

No longer mourn for me when I am dead
Than you shall hear the surly sullen bell
Give warning to the world that I am fled
From this vile world, with vilest worms to dwell.
Nay, if you read this line, remember not   5
The hand that writ it; for I love you so,
That I in your sweet thoughts would be forgot,
If thinking on me then should make you woe.
O, if, I say, you look upon this verse
When I perhaps compounded am with clay,   10
Do not so much as my poor name rehearse,
But let your love even with my life decay;
    Lest the wise world should look into your moan,
    And mock you with me after I am gone.

72

O, lest the world should task you to recite
What merit liv'd in me, that you should love
After my death, dear love, forget me quite,
For you in me can nothing worthy prove;
Unless you would devise some virtuous lie,   5
To do more for me than mine own desert,
And hang more praise upon deceased I
Than niggard truth would willingly impart.
O, lest your true love may seem false in this,
That you for love speak well of me untrue,   10
My name be buried where my body is,
And live no more to shame nor me nor you:
    For I am sham'd by that which I bring forth,
    And so should you, to love things nothing worth.

71

Nicht länger um mich traure, wenn ich tot,
Als Kunde klingt aus düstrem Glockentone,
Daß ich der wüsten Welt den Abschied bot
Und bei dem wüstesten Gewürme wohne.
Ja, liest du diesen Vers, nie denk an ihn,
Des Hand ihn schrieb; denn so sehr lieb ich dich,
Daß mich dein süßes Denken möge fliehn,
Sollt es dir weh tun, wenn du denkst an mich.
O, hör: blickst du vielleicht auf dies Gedicht,
Wenn Staub mich einhüllt in des Todes Haus,
Sprich nochmals meinen armen Namen nicht,
Mit meinem Leben sei dein Lieben aus.
    Die weise Welt durchschaut sonst deinen Gram
     Und höhnt dich noch mit mir, der Abschied nahm.

G. Wolff

72

Daß dich die Welt nicht quäle, was dich trieb,
Daß du mich lieb gehabt, ihr zu vertraun –:
Nach meinem Tod denk nicht mehr mein, mein Lieb!
In mir ist nichts, das rühmlich wär, zu schaun.
Es sei denn, du erdächtest fromme Lügen,
Mich zu erhöhn weit über meinen Wert
Und über 's Grab die Wahrheit zu betrügen,
Die geizig ist und mir den Ruhm verwehrt.
Daß deine Treu sich nicht in Falschheit wende,
Vermeinend, Lüge sei der Liebe Pflicht,
So sei mein Name mit mir selbst zu Ende
Und seine Schande schmerz uns länger nicht:
    Denn mir bringt Schmach das Los, das mir beschert;
     Dir, daß du liebst, was ohne Nutz und Wert.

Flatter

73

That time of year thou mayst in me behold
When yellow leaves, or none, or few, do hang
Upon those boughs which shake against the cold,
Bare ruin'd choirs where late the sweet birds sang.
In me thou see'st the twilight of such day   5
As after sunset fadeth in the west,
Which by and by black night doth take away,
Death's second self, that seals up all in rest.
In me thou see'st the glowing of such fire
That on the ashes of his youth doth lie,   10
As the death-bed whereon it must expire,
Consum'd with that which it was nourish'd by:
    This thou perceiv'st which makes thy love more strong,
    To love that well which thou must leave ere long.

74

But be contented, when that fell arrest
Without all bail shall carry me away,
My life hath in this line some interest,
Which for memorial still with thee shall stay.
When thou reviewest this, thou dost review   5
The very part was consecrate to thee:
The earth can have but earth, which is his due;
My spirit is thine, the better part of me:
So then thou hast but lost the dregs of life,
The prey of worms, my body being dead;   10
The coward conquest of a wretch's knife,
Too base of thee to be remembered:
    The worth of that is that which it contains,
    And that is this, and this with thee remains.

73

Die zeit des jahres magst du in mir sehn
Wo gelbe blätter · keine · wenige hangen
Auf diesen ästen die im wind sich drehn ·
Chor-trümmer kahl wo einst die vögel sangen.

In mir siehst du zwielicht von solchem tag
Der nach der sonne weggang bleicht im west ·
Das schwarze nacht gar bald entführen mag ..
Zwilling des tods umhüllt sie alles fest.

In mir siehst du das brennen solcher glut
Die auf den aschen ihrer jugend schwebt
Wie auf dem totenbett wo sie bald ruht —
Durch das verzehrt wovon sie einst gelebt.

    Dein lieben wächst · wirst du dir dess bewusst ·
    Und du liebst wohl was du bald lassen musst.

George

74

Doch sei getrost: wird grausam mich ereilen
Der Haftbefehl, der keine Bürgschaft ehrt,
Dann läßt mein Leben dir in diesen Zeilen
Als bleibend Angedenken einen Wert.
Wirst du sie durchsehn, wirst du durch sie sehn:
Was wirklich mein gewesen, weiht ich dir.
Was Erde, soll nach Recht zur Erde gehn,
Mein Geist ist dein, der beßre Teil von mir.
So ist es denn des Lebens Hefe nur,
Der Würmer Fraß, was dir verloren ging,
Mordbeute einer feigen Kreatur,
Für dich selbst als Erinnrung zu gering.
    Sein Wert ist Das, was ihm war einverleibt,
    Und das ist Dieses, was bei dir verbleibt.

G. Wolff

75

So are you to my thoughts as food to life,
Or as sweet-season'd showers are to the ground;
And for the peace of you I hold such strife
As 'twixt a miser and his wealth is found, –
Now proud as an enjoyer, and anon   5
Doubting the filching age will steal his treasure;
Now counting best to be with you alone,
Then better'd that the world may see my pleasure;
Sometime all full with feasting on your sight,
And by and by clean starved for a look;   10
Possessing or pursuing no delight
Save what is had or must from you be took:
    Thus do I pine and surfeit day by day,
    Or gluttoning on all, or all away.

76

Why is my verse so barren of new pride,
So far from variation or quick change?
Why with the time do I not glance aside
To new-found methods and to compounds strange?
Why write I still all one, ever the same,   5
And keep invention in a noted weed,
That every word doth almost tell my name,
Showing their birth and where they did proceed?
O, know, sweet love, I always write of you,
And you and love are still my argument;   10
So all my best is dressing old words new,
Spending again what is already spent:
    For as the sun is daily new and old,
    So is my love still telling what is told.

75

Ihr seid dem Denken so wie Brot dem Leib,
Wie süße Frühlingsgüsse sind dem Feld;
Ich kämpf, daß ich um Euch in Frieden bleib,
So wie ein Knausrer hadert mit dem Geld:
Nun stolz wie ein Genießer, dann voll Pein,
Daß diebisch Alter ihm den Schatz entrisse;
Nun scheint das Beste mir: mit Euch allein —
Dann besser, daß die Welt mein Glück auch wisse;
Bald festlich prassend, wenn ich Euch erblick,
Dann um ein Anschaun fast vor Hunger toll,
Besitz und such ich nur in Euch mein Glück,
Das Ihr schon gabt, das ich noch nehmen soll.
    So bin ich Tag für Tag zu satt, zu bloß,
    In allem schwelgend oder alles los.

Keil

76

Warum ist neuer Pracht so bar mein Sang,
So arm an flinkem Wechsel und Erfindung?
Warum nicht äugl' ich, nach der Zeiten Gang,
Mit Modestil und seltner Wortverbindung?
Warum das gleiche schreib' ich immerfort,
Gedanken in bekannte Kleider steckend,
Daß meinen Namen nennt fast jedes Wort,
Geburt und Herkunft jedem Aug' entdeckend?
O glaub, mein Lied ist, Liebster, stets dir treu,
Muß immerdar von dir und Liebe singen;
So kleid' ich höchstens alte Worte neu,
Um Dargebrachtes wieder darzubringen.
    Wie täglich alt und neu der Sonne Schimmer,
    Sagt meine Liebe Längstgesagtes immer.

Fulda

77

Thy glass will show thee how thy beauties wear,
Thy dial how thy precious minutes waste;
The vacant leaves thy mind's imprint will bear,
And of this book this learning mayst thou taste:
The wrinkles which thy glass will truly show   5
Of mouthed graves will give thee memory;
Thou by thy dial's shady stealth mayst know
Time's thievish progress to eternity.
Look what thy memory cannot contain
Commit to these waste blanks, and thou shalt find   10
Those children nurs'd, deliver'd from thy brain,
To take a new acquaintance of thy mind.
    These offices, so oft as thou wilt look,
    Shall profit thee and much enrich thy book.

78

So oft have I invok'd thee for my Muse
And found such fair assistance in my verse
As every alien pen hath got my use
And under thee their poesy disperse.
Thine eyes, that taught the dumb on high to sing   5
And heavy ignorance aloft to fly,
Have added feathers to the learned's wing
And given grace a double majesty.
Yet be most proud of that which I compile,
Whose influence is thine, and born of thee: 10
In others' works thou dost but mend the style,
And arts with thy sweet graces graced be;
    But thou art all my art, and dost advance
    As high as learning my rude ignorance.

77

Dein spiegel zeigt dir: so zerreisst dein schmuck ·
Dein zeiger: deine kostbarn stunden fliehn.
Dies leere buch für deines geistes druck –
Aus seinen blättern magst du lehre ziehn:

Die runzeln die dein spiegel treu erweist
Sie mahnen dich an gräber gähnend weit ·
Und durch des zeigers schattig schleichen weisst
Du diebischen lauf der zeit zur ewigkeit.

Was du nicht festhältst hinter deiner stirn
Gib diesen leeren blättern: und einst siehst
Du diese kinder gross aus deinem hirn
Mit denen neu dein geist bekanntschaft schliesst.

   Zu diesem werk mach häufig den versuch:
   Dir bringt es nutz und reichtum deinem buch.

George

78

Als meine Muse rief ich dich so oft,
Und meinem Liede halfest du so gut,
Daß manche andre Feder Gleiches hofft
Und gern vertraut ihr Dichtwerk deiner Hut.
Dein Auge lehrte hell den Stummen singen,
Hob Kenntnislose zu des Wissens Höhn,
Hat Federn neugefügt des Weisen Schwingen
Und schuf der Anmut Reize doppelt schön.
Doch *mein* Werk darf zu höchstem Stolz dich heben,
Aus dir entströmt und dir entsproßt es ganz;
Der Andern Stil nur machst du glatt und eben,
Dein süßer Glanz leiht ihren Künsten Glanz.
   All *meine* Kunst schuf deine Gunst: sie weist
   Zur Wissenshöh den ungeschulten Geist.

G. Wolff

79

Whilst I alone did call upon thy aid,
My verse alone had all thy gentle grace;
But now my gracious numbers are decay'd,
And my sick Muse doth give another place.
I grant, sweet love, thy lovely argument   5
Deserves the travail of a worthier pen;
Yet what of thee thy poet doth invent
He robs thee of, and pays it thee again.
He lends thee virtue, and he stole that word
From thy behaviour; beauty doth he give,   10
And found it in thy cheek: he can afford
No praise to thee but what in thee doth live.
    Then thank him not for that which he doth say,
    Since what he owes thee thou thyself dost pay.

80

O, how I faint when I of you do write,
Knowing a better spirit doth use your name,
And in the praise thereof spends all his might,
To make me tongue-tied, speaking of your fame!
But since your worth, wide as the ocean is,   5
The humble as the proudest sail doth bear,
My saucy bark, inferior far to his,
On your broad main doth wilfully appear.
Your shallowest help will hold me up afloat,
Whilst he upon your soundless deep doth ride;   10
Or, being wreck'd, I am a worthless boat,
He of tall building and of goodly pride:
    Then if he thrive, and I be cast away,
    The worst was this: my love was my decay.

Als ich allein um deine Gunst noch rang,
Ward meinem Lied nur deines Beifalls Zeichen;
Jetzt, wo dahin mein lieblicher Gesang,
Muß Andern meine sieche Muse weichen.
Zwar, Lieber, deine süßen Reize sind
Wohl wert, daß davon tönen beßre Lieder;
Doch was von dir dein Dichter auch ersinnt,
Er raubt dir's erst und zahlet dir's dann wieder.
Er stiehlt dies Wort, wenn er dir Tugend leiht,
Von deinem Tun; will er dir Schönheit geben,
Auf deinen Wangen thronet sie; es reiht
Sein Lied Vorzüge nur, die dich erheben:
    Drum lohne seinen Sang nicht deine Huld,
    Sonst bist du selbst der Zahler seiner Schuld.

Richter

O, nur mit Zagen lob ich dich; ich weiß,
Ein höhrer Geist gebraucht ja deinen Namen
Und setzt all seine Macht an deinen Preis,
Daß meine Zung im Rühmen muß erlahmen.
Doch weil dein Wert, groß wie der Ozean,
Bescheidne Segel mag wie stolze tragen,
So will ich keck, obschon mit schlechterm Kahn,
Auf deine weite Flut hinaus mich wagen.
Dein flachster Beistand schon wird flott mich machen,
Indes er schwimmt auf deiner tiefsten Flut;
Und strand ich auch, ich bin ein armer Nachen,
Und er ein stattlich Schiff mit reichem Gut.
    Drum, wenn's ihm glückt' und ich im Schiffbruch bliebe,
    So wär' das Schlimmste dies: ich sänk' aus Liebe.

Gildemeister

81

Or I shall live your epitaph to make,
Or you survive when I in earth am rotten;
From hence your memory death cannot take,
Although in me each part will be forgotten.
Your name from hence immortal life shall have,   5
Though I, once gone, to all the world must die;
The earth can yield me but a common grave,
When you entombed in men's eyes shall lie.
Your monument shall be my gentle verse,
Which eyes not yet created shall o'er-read;   10
And tongues to be your being shall rehearse,
When all the breathers of this world are dead.
    You still shall live, such virtue hath my pen,
    Where breath most breathes, even in the mouths of men.

82

I grant thou wert not married to my Muse,
And therefore mayst without attaint o'erlook
The dedicated words which writers use
Of their fair subject, blessing every book.
Thou art as fair in knowledge as in hue,   5
Finding thy worth a limit past my praise,
And therefore art enforc'd to seek anew
Some fresher stamp of the time-bettering days.
And do so, love; yet when they have devis'd
What strained touches rhetoric can lend,   10
Thou truly fair wert truly sympathiz'd
In true plain words by thy true-telling friend;
    And their gross painting might be better us'd
    Where cheeks need blood; in thee it is abus'd.

81

Entweder leb ich, dir die Grabschrift zu ersinnen,
Oder du dauerst noch, wenn Moder mich verzehrt.
Dein Angedenken rafft kein Tod von hinnen,
Wenn auch von mir kein Lebender mehr hört.
Fortan unsterblich wird dein Name leben,
Wenn mich auf ewig Staub der Welt verbarg.
Mir kann die Erd' ein schlechtes Grab nur geben;
Du ruhst in Menschenaugen eingesargt.
Mein Freundesvers wird sein dein Monument,
Daß dich noch ungeborne Augen lesen
Und kommender Geschlechter Mund dich nennt,
Wenn alle Atmer dieser Welt verwesen.
  So hält dich da, wo Odem nie versiegt,
  Auf Menschenlippen atmend mein Gedicht.

Regis

82

Du bist ja meiner Muse nicht vermählt,
Drum mustre nur, es sei dir nicht verwehrt,
Die Widmungsworte, die ein jeder wählt
Zum Preis des Namens, der sein Buch verklärt.
Du bist so reich an Weisheit wie an Schöne:
Mein Lob hält deinem Wert nicht mehr die Waage,
Drum suchst du notgedrungen neue Töne,
Ein frischeres Gepräge beßrer Tage.
So sei es, Freund! Doch wenn sie ausgegeben,
Was steife Redekunst an Klang verspricht,
Mag wahre Schönheit wahrer Preis erheben
In treuen Freundes Worten, treu und schlicht.
  Denn besser ziemt ihr grober Pinselzug
  Blutlosen Wangen; du hast Blut genug.

Saenger

83

I never saw that you did painting need,
And therefore to your fair no painting set;
I found, or thought I found, you did exceed
The barren tender of a poet's debt:
And therefore have I slept in your report,   5
That you yourself, being extant, well might show
How far a modern quill doth come too short,
Speaking of worth, what worth in you doth grow.
This silence for my sin you did impute,
Which shall be most my glory, being dumb;   10
For I impair not beauty, being mute,
When others would give life, and bring a tomb.
 There lives more life in one of your fair eyes
 Than both your poets can in praise devise.

84

Who is it that says most which can say more
Than this rich praise – that you alone are you,
In whose confine immured is the store
Which should example where your equal grew?
Lean penury within that pen doth dwell   5
That to his subject lends not some small glory;
But he that writes of you, if he can tell
That you are you, so dignifies his story.
Let him but copy what in you is writ,
Not making worse what nature made so clear,   10
And such a counterpart shall fame his wit,
Making his style admired everywhere.
 You to your beauteous blessings add a curse,
 Being fond on praise, which makes your praises worse.

83

Ich fand noch nie, dir täte Schminke not;
Drum schminkte ich auch niemals deine Huld,
Weil sie – so dacht ich – alles überbot:
Des Dichters Wort, vor dir bleibt's tief in Schuld.
Und so verschlief ich es, dich lobzupreisen;
Dein bloßes Dasein, wollt' ich, sollte zeigen,
Daß Alltagsfedern sich zu schwach erweisen,
Mit Ruhm den Ruhm zu singen, der dir eigen.
Dies Schweigen nun erschien dir als Verbrechen;
Und doch verdien ich Lob, war ich auch stumm:
Denn redend konnt ich deinen Ruhm nur schwächen –
Die andern brachten ihn lobsingend um.
    Mehr Leben lebt in einem deiner Augen,
    Als deine Dichter – alle beide! – taugen.

Flatter

84

Wer sagt das Höchste? Welcher Lobspruch sagt
Mehr als dies reiche Wort: ›Du nur bist du?‹
Wo liegt ein Schatz in Mauern eingehagt,
Dem ein Gehalt wie deiner käme zu?
Arm ist die Feder, die nicht eine Spur
Von Glanze ihrem Gegenstande leiht.
Doch, sagt sein Lied von dir das Eine nur,
Du seiest du, so ist es schon geweiht.
Er gebe, was er in dir lesen kann,
Verdunkle nicht, was von Natur so klar:
Auch seinem Geist gereicht dies Abbild dann
Und seiner Kunst zum Ruhme immerdar.
    Doch deine Ruhmsucht raubt dem Ruhm den Wert,
    Daß sich in Fluch der Schönheit Segen kehrt.

G. Wolff

85

My tongue-tied Muse in manners holds her still,
While comments of your praise, richly compil'd,
Reserve their character with golden quill
And precious phrase by all the Muses fil'd.
I think good thoughts, whilst other write good words,   5
And, like unletter'd clerk, still cry 'Amen'
To every hymn that able spirit affords
In polish'd form of well-refined pen.
Hearing you prais'd, I say ''Tis so, 'tis true',
And to the most of praise add something more;   10
But that is in my thought, whose love to you,
Though words come hindmost, holds his rank before.
   Then others for the breath of words respect,
   Me for my dumb thoughts, speaking in effect.

86

Was it the proud full sail of his great verse,
Bound for the prize of all-too-precious you,
That did my ripe thoughts in my brain inhearse,
Making their tomb the womb wherein they grew?
Was it his spirit, by spirits taught to write   5
Above a mortal pitch, that struck me dead?
No, neither he, nor his compeers by night
Giving him aid, my verse astonished.
He nor that affable familiar ghost
Which nightly gulls him with intelligence,   10
As victors, of my silence cannot boast:
I was not sick of any fear from thence.
   But when your countenance fill'd up his line,
   Then lack'd I matter; that enfeebled mine.

85

Die zungenlahme Muse schweigt verschämt,
Wird Eurem Preise reicher Preis erteilt,
Mit goldnem Kiele kunstgerecht verbrämt,
Von allen Musen jeder Satz gefeilt.
Wann andre Gutes schreiben, denk ich gut,
Ruf ›Amen‹ wie der dümmste Ministrant
Zu jedem Psalm, den ein gewandter Mut
In glatter Form mit feiner Feder fand.
Und immer sagt ich dann: ›Gewißlich wahr‹
Und hab zum meisten Preis noch mehr gesetzt,
Doch dacht ichs nur, da meine Liebe zwar
An Rang zuerst kommt, doch im Wort zuletzt.
   Schätzt andre um der Worte Windgeschenk,
   Mich um das wahre Wort, das stumm ich denk.

Keil

86

War's seiner Verse stolze Segelfahrt
Auf deiner Prise kostbar Ziel gerichtet,
Was allen Sinn und Sang mir aufgebahrt,
Was reifen wollte, schon im Schoß vernichtet?
War es sein Geist, den Geister schreiben lehrten,
Mehr als ein Mensch vermag, – bracht' er mich um?
Nein, nicht vor ihm, noch seinen Nachtgefährten,
Die insgeheim ihm helfen, bin ich stumm.
Er nicht, noch auch sein Kobold, der bei Nacht
Ihn so gefällig mit Erleuchtung speist,
Darf kühn sich blähn, er hätt mich stumm gemacht:
Ich weiß von keiner Angst, die dorthin weist.
   Doch feilt ihm deine Gunst die Zeilen glatt,
   Fehlt's mir an Stoff, sind meine Verse matt.

Flatter

87

Farewell! thou art too dear for my possessing,
And like enough thou know'st thy estimate:
The charter of thy worth gives thee releasing;
My bonds in thee are all determinate.
For how do I hold thee but by thy granting?   5
And for that riches where is my deserving?
The cause of this fair gift in me is wanting,
And so my patent back again is swerving.
Thy self thou gav'st, thy own worth then not knowing,
Or me, to whom thou gav'st it, else mistaking;   10
So thy great gift, upon misprision growing,
Comes home again, on better judgment making.
    Thus have I had thee, as a dream doth flatter –
    In sleep a king, but waking no such matter.

88

When thou shalt be dispos'd to set me light,
And place my merit in the eye of scorn,
Upon thy side against myself I'll fight,
And prove thee virtuous, though thou art forsworn.
With mine own weakness being best acquainted,   5
Upon thy part I can set down a story
Of faults conceal'd, wherein I am attainted;
That thou in losing me shall win much glory.
And I by this will be a gainer too;
For bending all my loving thoughts on thee,   10
The injuries that to myself I do,
Doing thee vantage, double vantage me.
    Such is my love, to thee I so belong,
    That for thy right myself will bear all wrong.

87

Lebwohl! zu teuer ist dein besitz für mich
Und du weisst wohl wie schwer du bist zu kaufen ..
Der freibrief deines werts entbindet dich ..
Mein recht auf dich ist völlig abgelaufen.

Wie hab ich dich · wenn nicht durch dein gewähren?
Verdien ich was von deinen schätzen allen?
Aus mir ist nicht dein schenken zu erklären ..
So ist mein gnadenlehn anheimgefallen.

Du gabst dich damals · deinen wert nicht sehend –
Vielleicht auch dem du gabst · mich · anders nehmend ..
Dein gross geschenk · aus irrtum nur entstehend ·
Kehrt heimwärts bessrem urteil sich bequemend.

    So hatt ich dich wie träume die beschleichen –
    Im schlaf ein fürst · doch wachend nichts dergleichen.

George

88

Wenn du gelaunt bist, nichts nach mir zu fragen,
Dem Spott mich bloßzustellen vogelfrei,
So will ich wider mich für dich mich schlagen
Und zeigen, daß dein Meineid Tugend sei.
Weil ich am besten weiß um meine Schwächen,
So kann ich von verborgnen Fehlern drinnen,
Die mich beflecken, dir zu Gunsten sprechen,
Und mich verlierend, wirst du Ruhm gewinnen.
Und ich gewinne selbst dabei wie du;
Denn weil mein ganzes Herz sich kehrt zu dir,
So wird die Schmach, die ich mir selber tu,
Weil dir von Nutzen, doppelt nützlich mir.
    Ich liebe so dich, daß ich in Geduld,
    Um dich zu rein'gen, nehm auf mich die Schuld.

Gildemeister

89

Say that thou didst forsake me for some fault,
And I will comment upon that offence;
Speak of my lameness, and I straight will halt,
Against thy reasons making no defence.
Thou canst not, love, disgrace me half so ill,   5
To set a form upon desired change,
As I'll myself disgrace, knowing thy will.
I will acquaintance strangle and look strange,
Be absent from thy walks, and in my tongue
Thy sweet beloved name no more shall dwell,   10
Lest I, too much profane, should do it wrong,
And haply of our old acquaintance tell.
　　For thee, against myself I'll vow debate,
　　For I must ne'er love him whom thou dost hate.

90

Then hate me when thou wilt; if ever, now;
Now while the world is bent my deeds to cross,
Join with the spite of Fortune, make me bow,
And do not drop in for an after-loss:
Ah, do not, when my heart hath 'scap'd this sorrow,   5
Come in the rearward of a conquer'd woe;
Give not a windy night a rainy morrow,
To linger out a purpos'd overthrow.
If thou wilt leave me, do not leave me last,
When other petty griefs have done their spite,   10
But in the onset come: so shall I taste
At first the very worst of Fortune's might;
　　And other strains of woe, which now seem woe,
　　Compar'd with loss of thee will not seem so.

89

Sag, daß du mich um eine Schuld verstoßen,
So wird dein Vorwurf mir zu denken geben;
Nenne mich schwach, ich will mich nicht erbosen,
Mich wider deine Gründe nicht erheben.
Du kannst mich, Freund, nicht halb so tief entehren –
Suchst du ein Wie, zu lösen was dich hemmt –,
Wie ich's vermag, und kenn ich dein Begehren,
So spreng ich unser Band und blicke fremd.
Ich meide deine Wege, und mein Mund
Soll nimmer deinen holden Namen nennen;
Es gäbe dir zu Scham und Reue Grund,
Wenn ich verriete, daß wir zwei uns kennen.
   Für dich und wider mich gelob ich Streit:
   Denn nimmer darf ich lieben, was dir leid.

Saenger

90

So hasse, wenn du willst, mich; aber gleich,
Da alle Welt jetzt Tücke an mir übt,
Vereint mit dem Geschick, führ jetzt den Streich,
Daß mich nicht später neues Leid betrübt:
Ach nicht, wenn sich mein Herz wähnt gramgeborgen,
Komm du im Nachzug überstandner Not,
Der stürm'schen Nacht nicht folg' ein Regenmorgen,
Verzögre nicht das Unheil, das schon droht.
Verläss'st du mich, verlaß mich nicht zuletzt,
Wenn andre Leiden längst schon ausgetobt,
Beim ersten Angriff komm; so wird gleich jetzt
Von mir des Schicksals ganze Macht erprobt;
   Und was als Schmerz verwundet mir das Herz,
   Erscheint, verlier ich dich, mir nicht mehr Schmerz.

Richter

91

Some glory in their birth, some in their skill,
Some in their wealth, some in their body's force;
Some in their garments, though new-fangled ill;
Some in their hawks and hounds, some in their horse;
And every humour hath his adjunct pleasure,   5
Wherein it finds a joy above the rest;
But these particulars are not my measure:
All these I better in one general best.
Thy love is better than high birth to me,
Richer than wealth, prouder than garments' cost,   10
Of more delight than hawks and horses be;
And having thee, of all men's pride I boast –
    Wretched in this alone, that thou mayst take
    All this away and me most wretched make.

92

But do thy worst to steal thyself away,
For term of life thou art assured mine;
And life no longer than thy love will stay,
For it depends upon that love of thine.
Then need I not to fear the worst of wrongs,   5
When in the least of them my life hath end.
I see a better state to me belongs
Than that which on thy humour doth depend:
Thou canst not vex me with inconstant mind,
Since that my life on thy revolt doth lie.   10
O what a happy title do I find,
Happy to have thy love, happy to die!
    But what's so blessed-fair that fears no blot?
    Thou mayst be false, and yet I know it not.

91

Der rühmt sein hoch Geblüt, der seine Kunst,
Der seines Gelds, der seines Leibes Wert;
Der sein Gewand, vom Neuheitswahn verhunzt;
Der Falken oder Hunde, der sein Pferd;
Und jede Laune findet ihre Stütze
In Freude, vor der alles andre schweigt.
Mir ist dies Einzelne als Maß nichts nütze;
Mein Bestes all ihr Bestes übersteigt:
Dein Lieben ist mir besser als Geblüt,
Mehr Wert als Geld, mehr Stolz als teure Tracht,
Von mehr Genuß als Falken und Gestüt;
Und hab ich dich, prunk ich mit Aller Pracht:
    Arm einzig darin, daß du nehmen kannst
    All dies, und mich in tiefste Armut bannst.

Keil

92

Doch tu dein Ärgstes, dich hinweg zu heben,
Für Lebenszeit ich dich gesichert hab;
Nicht länger als dein Lieben währt mein Leben,
Von deiner Liebe hängt es ja nur ab.
Nicht Furcht vor schlimmstem Unrecht mich beschwert,
Wenn schon geringstes macht mein Leben enden.
Ich sehe mir ein beßres Los beschert,
Als das, was deine Laune hält in Handen.
Du kannst mich quälen nicht mit Flattergeist,
Seitdem dein Abfall meinem Leben droht.
Oh, welch ein Anspruch, der mir Glück verheißt,
In deiner Liebe Glück, und Glück im Tod!
    Doch was gibt's Holdes, das nicht Furcht befleckt?
    Falsch könntst du sein, und ich hab's nicht entdeckt.

Freund

93

So shall I live, supposing thou art true,
Like a deceived husband; so love's face
May still seem love to me, though alter'd new –
Thy looks with me, thy heart in other place:
For there can live no hatred in thine eye,   5
Therefore in that I cannot know thy change.
In many's looks the false heart's history
Is writ in moods and frowns and wrinkles strange;
But heaven in thy creation did decree
That in thy face sweet love should ever dwell;   10
Whate'er thy thoughts or thy heart's workings be,
Thy looks should nothing thence but sweetness tell.
    How like Eve's apple doth thy beauty grow,
    If thy sweet virtue answer not thy show!

94

They that have power to hurt and will do none,
That do not do the thing they most do show,
Who, moving others, are themselves as stone,
Unmoved, cold, and to temptation slow –
They rightly do inherit heaven's graces,   5
And husband nature's riches from expense;
They are the lords and owners of their faces,
Others but stewards of their excellence.
The summer's flower is to the summer sweet,
Though to itself it only live and die;   10
But if that flower with base infection meet,
The basest weed outbraves his dignity:
    For sweetest things turn sourest by their deeds;
    Lilies that fester smell far worse than weeds.

93

So muß ich leben, glaubend, du seist treu,
Wie ein betrogner Gatte. Liebesschein
Sei Liebe mir, vergabst du sie auch neu:
Dein Herz ward Andern, dein Gesicht bleibt mein.
Denn Haß kann leben dir nicht im Gesichte,
So daß es deine Wandlung mir verschweigt,
Wenn sonst im Aug des Herzens Truggeschichte
Ein Blick, ein Ruck, ein seltsam Blinzeln zeigt.
Der Himmel sprach an deinem Schöpfungstag:
›Stets hege süße Liebe dies Gesicht,
So daß, was Herz und Sinn auch brüten mag,
Nichts andres aus dem Aug als Süßheit spricht.‹
  Nur schön wie Evas Apfel kannst du sein,
  Entspricht nicht süße Tugend deinem Schein.

G. Wolff

94

Wer Macht zu schaden hat und doch nicht schadet,
Wer tatvoll ist und Taten unterläßt,
Wer Andre treibt und sich nicht selbst entladet,
Wer kalt, unwankend, in Versuchung fest:
Der erbt mit Recht des Himmels holde Güter
Und spart die reichen Schätze der Natur;
Ist seiner eignen Schönheit Herr und Hüter,
Die Andern sind des Guts Verwalter nur.
Des Sommers Blume ist des Sommers Zier
Und lebt doch für sich selbst nur, um zu bleichen;
Doch naht der Anstich böser Fäulnis ihr,
So muß sie dem gemeinsten Unkraut weichen.
  Zu Weh wird Wonne durch der Taten Fluch;
  Wo Lilien faulen, ist der schlimmste Ruch.

Saenger

95

How sweet and lovely dost thou make the shame
Which, like a canker in the fragrant rose,
Doth spot the beauty of thy budding name!
O, in what sweets dost thou thy sins enclose!
That tongue that tells the story of thy days,   5
Making lascivious comments on thy sport,
Cannot dispraise but in a kind of praise;
Naming thy name blesses an ill report.
O, what a mansion have those vices got
Which for their habitation chose out thee,   10
Where beauty's veil doth cover every blot
And all things turns to fair that eyes can see!
   Take heed, dear heart, of this large privilege;
   The hardest knife ill-us'd doth lose his edge.

96

Some say thy fault is youth, some wantonness;
Some say thy grace is youth and gentle sport;
Both grace and faults are lov'd of more and less:
Thou mak'st faults graces that to thee resort.
As on the finger of a throned queen   5
The basest jewel will be well esteem'd,
So are those errors that in thee are seen
To truths translated and for true things deem'd.
How many lambs might the stern wolf betray,
If like a lamb he could his looks translate!   10
How many gazers mightst thou lead away,
If thou wouldst use the strength of all thy state!
   But do not so; I love thee in such sort,
   As, thou being mine, mine is thy good report.

95

Wie süß und lieblich machst du doch die Schmach,
Die wie ein Wurm in duftiger Rosenfülle
Die Schönheit deines blüh'nden Namens stach!
Wie reizend wählst du deiner Sünden Hülle!
Die Zunge, die dein Tagewerk bespricht
Und deine Lust mit losen Reden schildert,
Muß gleichsam lobend schmähn, da den Bericht
Von Schlimmem kaum genannt dein Name mildert.
O, welche Wohnstatt wußten zu entdecken
Die Laster, als bei dir sie eingekehrt,
Wo Schönheit überschleiert jeden Flecken,
Sich alles, was der Blick erreicht, verklärt!
  Laß, Trauter, solch ein Vorrecht nicht gefährden;
  Der schärfste Stahl, mißbraucht, muß schartig werden.

Fulda

96

Der sagt, dein Fehl sei Jugend, der Lusttrieb,
Der sagt, dein Reiz sei Jugend, holder Scherz,
Beid', Reiz und Fehl sind mehr und wen'gern lieb,
Zum Reiz wird Fehl, geflohn zu dir hinwärts.
Wie an den Fingern einer Königin
Der schlechteste Juwel doch wohlgefällt,
So man den Irrtum, der an dir erschien,
In Wahrheit wandelt, für was Wahres hält.
Wie manch Lamm hätt' der starke Wolf entführt,
Könnt' er dem Lamm gleich seinen Blick gestalten!
Wieviel Anbeter hättest du verführt,
Wollt'st du mit allen deinen Kräften walten!
  Tu's nicht: also soll meine Liebe sein,
  Daß da du mein, dein guter Ruf auch mein.

Kannegießer

97

How like a winter hath my absence been
From thee, the pleasure of the fleeting year!
What freezings have I felt, what dark days seen!
What old December's bareness everywhere!
And yet this time remov'd was summer's time,   5
The teeming autumn, big with rich increase,
Bearing the wanton burden of the prime,
Like widow'd wombs after their lords' decease:
Yet this abundant issue seem'd to me
But hope of orphans, and unfathered fruit;   10
For summer and his pleasures wait on thee,
And, thou away, the very birds are mute;
   Or, if they sing, 'tis with so dull a cheer
   That leaves look pale, dreading the winter's near.

98

From you have I been absent in the spring,
When proud-pied April, dress'd in all his trim,
Hath put a spirit of youth in every thing,
That heavy Saturn laugh'd and leap'd with him.
Yet nor the lays of birds, nor the sweet smell   5
Of different flowers in odour and in hue,
Could make me any summer's story tell,
Or from their proud lap pluck them where they grew:
Nor did I wonder at the lily's white,
Nor praise the deep vermilion in the rose;   10
They were but sweet, but figures of delight,
Drawn after you, you pattern of all those.
   Yet seem'd it winter still, and, you away,
   As with your shadow I with these did play.

97

Wie einem Winter glich mein Fernesein
Von dir, der Lust des schnell entfliehnden Jahrs!
Wie fühlt' ich Frost, wie trüber Tage Pein!
Wie ringsumher Dezembernacktheit war's!
Und doch war Sommer der Entfernung Zeit,
Und schwangrer Herbst, der reichen Wachstum bot,
Die üpp'ge Last von Lenzesfruchtbarkeit,
Gleich Witwenschoße nach des Mannes Tod;
Doch schien der überreiche Segen mir
Nur Waisenhoffnung, vaterloses Kind;
Der Sommer dient und seine Lust nur dir,
Daß, schiedest du, selbst stumm die Vögel sind;
    Und singen sie, hört's sich so kläglich an,
    Daß sich das Laub gelbt, fürchtend Winters Nahn.

Richter

98

Von dir war ich entfernet im Frühling
Als stolz April all Flittern um sich schlang,
Und Jugendhauch geweht in jedes Ding,
Daß plump Saturnus lacht' und mit ihm sprang.
Doch Vögelweisen nicht, nicht Blümlein bunt,
An Ruch und Farbe mannigfalt geschmückt,
Macht', daß ich tät' ein Sommermärchen kund,
Aus stolzem Schoß, wo sie geborn, sie pflückt'.
Noch tät' ich wundern ob der Lilien Bleich,
Noch pries ich Rosen purpurrot vergüldet,
Sie war'n nur süß, nur Formen freudenreich,
Nach dir, du Muster ihnen all'n, gebildet:
    Doch schien es Winter noch, und du noch fern,
    Spielt' ich mit ihnen, deinem Schatten, gern.

Kannegießer

99

The forward violet thus did I chide:
'Sweet thief, whence didst thou steal thy sweet that smells,
If not from my love's breath? The purple pride
Which on thy soft cheek for complexion dwells
In my love's veins thou hast too grossly dy'd.'   5
The lily I condemned for thy hand,
And buds of marjoram had stol'n thy hair;
The roses fearfully on thorns did stand,
One blushing shame, another white despair;
A third, nor red nor white, had stol'n of both,   10
And to his robbery had annex'd thy breath;
But, for his theft, in pride of all his growth
A vengeful canker eat him up to death.
    More flowers I noted, yet I none could see
    But sweet or colour it had stol'n from thee.   15

100

Where art thou, Muse, that thou forget'st so long
To speak of that which gives thee all thy might?
Spend'st thou thy fury on some worthless song,
Dark'ning thy power to lend base subjects light?
Return, forgetful Muse, and straight redeem   5
In gentle numbers time so idly spent;
Sing to the ear that doth thy lays esteem
And gives thy pen both skill and argument.
Rise, resty Muse, my love's sweet face survey,
If Time have any wrinkle graven there;   10
If any, be a satire to decay,
And make Time's spoils despised everywhere.
    Give my love fame faster than Time wastes life;
    So thou prevent'st his scythe and crooked knife.

Vorlautem Veilchen hielt ich den Sermon:
›Wo stahlst du, süßer Dieb, den süßen Duft,
Wenn nicht von Liebchens Hauch? Den Purpurton,
Der dir das Rot auf sanfte Wange ruft,
Nahmst du aus Liebchens Blut zu reichlich schon.‹
Die Lilie zieh ich Diebstahls deiner Hand,
Es stahlen Mairanzweiglein dir dein Haar,
Angstvoll an Dornen manche Rose stand,
Die schamrot, weiß die vor Verzweiflung gar;
Nicht rot, noch weiß, von beidem stahl die dritte,
Dazu dein Hauch sich ihrem Zugriff bot,
Doch für den Raub, aus stolzen Blühens Mitte
Fraß rachegieriger Wurm sie auf zu Tod.
  Mehr Blumen sah ich; keine, schien es mir,
  Hat Duft und Farbe nicht geraubt von dir.

Freund

Wo weilst du, Muse? Lange säumst du schon,
Zu preisen das, was adelt dein Gedicht.
Leihst du dein Feuer würdelosem Ton?
Gibst, deine Kunst verdunkelnd, Niedrem Licht?
Kehr um, du Lässige, und fülle wieder
Mit edlem Ton die leer verlorne Zeit.
Sing einem Ohr, das hochschätzt deine Lieder
Und deinem Werk Gehalt und Kunstwert leiht.
Geh, Träge, schau des Liebsten Stirn dir an,
Ob Zeit gegraben eine Runzel schon;
Sing ihrer Raubgier, wenn sie es getan,
Und dem Verfall ein Lied voll Spott und Hohn.
  Und überflügle mit dem Ruhm der Liebe
  Die schnöde Zeit und ihre Sensenhiebe.

G. Wolff

101

O truant Muse, what shall be thy amends
For thy neglect of truth in beauty dyed?
Both truth and beauty on my love depends;
So dost thou too, and therein dignified.
Make answer, Muse: wilt thou not haply say,　　5
'Truth needs no colour with his colour fix'd;
Beauty no pencil, beauty's truth to lay;
But best is best, if never intermix'd'?
Because he needs no praise, wilt thou be dumb?
Excuse not silence so; for't lies in thee　　10
To make him much outlive a gilded tomb
And to be prais'd of ages yet to be.
　　Then do thy office, Muse; I teach thee how
　　To make him seem long hence as he shows now.

102

My love is strengthen'd, though more weak in seeming;
I love not less, though less the show appear;
That love is merchandiz'd whose rich esteeming
The owner's tongue doth publish everywhere.
Our love was new, and then but in the spring,　　5
When I was wont to greet it with my lays;
As Philomel in summer's front doth sing,
And stops her pipe in growth of riper days:
Not that the summer is less pleasant now
Than when her mournful hymns did hush the night,　　10
But that wild music burthens every bough,
And sweets grown common lose their dear delight.
　　Therefore, like her, I sometime hold my tongue,
　　Because I would not dull you with my song.

101

Wie sühnst du, träge Muse, dein Verschweigen
Der Wahrheit, in der Schönheit Glanz verklärt?
Wahrheit und Schönheit sind dem Freund zu eigen,
So wie auch du – drum bist du hochgeehrt.
Gib Antwort, Muse: willst du mich belehren:
›Die Wahrheit wird durch Farbe nur verwischt,
Schönheit muß ohne Griffel sich bewähren,
Das Beste bleibt am besten unvermischt‹?
Weil er dein Lob nicht braucht, so schweigest du?
An dir nur liegt es, daß er überlebe
Sein gülden Mal und seine Grabesruh
Und daß die späte Nachwelt ihn erhebe.
　　Drum frisch ans Werk! Ich will dir Weisung geben,
　　Sein Bild für ferne Zeiten zu beleben.

Saenger

102

Mein Lieben ist erstarkt, scheint's auch geschwächt,
Ich lieb nicht minder, wenn sich's minder weist.
Marktgut ist Liebe, deren Wert als echt
Des Eigners Zunge überallhin preist.
Als wir im Frühling junger Liebe gingen,
Hab ich ihr täglich Lied und Gruß geweiht.
So mag im Lenz die Philomele singen,
Doch ruht ihr Sang beim Anstieg reifrer Zeit.
Nicht ärmer ist der Sommer als zuvor,
Da noch ihr Hymnus schweigen hieß die Nacht.
Jetzt dröhnt der Wald von andrer Vögel Chor
Und schönstes Alltagsgut verliert an Pracht.
　　Drum schweige ich wie sie zuweilen still,
　　Weil dich mein Singen nicht ermüden will.

Ilse Krämer

103

Alack, what poverty my Muse brings forth,
That, having such a scope to show her pride,
The argument all bare is of more worth
Than when it hath my added praise beside!
O, blame me not, if I no more can write!   5
Look in your glass, and there appears a face
That over-goes my blunt invention quite,
Dulling my lines and doing me disgrace.
Were it not sinful then, striving to mend,
To mar the subject that before was well?   10
For to no other pass my verses tend
Than of your graces and your gifts to tell;
    And more, much more, than in my verse can sit
    Your own glass shows you when you look in it.

104

To me, fair friend, you never can be old,
For as you were when first your eye I ey'd,
Such seems your beauty still. Three winters cold
Have from the forests shook three summers' pride,
Three beauteous springs to yellow autumn turn'd   5
In process of the seasons have I seen,
Three April perfumes in three hot Junes burn'd,
Since first I saw you fresh, which yet are green.
Ah, yet doth beauty, like a dial-hand,
Steal from his figure, and no pace perceiv'd;   10
So your sweet hue, which methinks still doth stand,
Hath motion, and mine eye may be deceiv'd.
    For fear of which, hear this, thou age unbred:
    Ere you were born was beauty's summer dead.

103

Wie schwach ist, was mein Lied zutage bringt!
Es soll die Kraft an einem Stoff erweisen,
Der würd'ger scheint, wenn man ihn nicht besingt,
Als wenn ich ihn versuchen will zu preisen.
O schilt mich nicht, daß ich nicht schreiben kann!
Zum Spiegel tritt, da wird ein Bild sich zeigen,
Das meinem blöden Singen weit voran
Den Stab ihm bricht und mir befiehlt zu schweigen.
Wär' es nicht sündlich, in des Bessern Wahn
Zu schädigen, was lieblich war und schön?
Denn mein Gesang weiß sich nicht andre Bahn
Als deine Güt' und Schönheit zu erhöhn.
   Und mehr, weit mehr als je mein Lied erschließt,
   Zeigt dir der Spiegel, wenn du in ihn siehst.

                     Simrock

104

Für mich kannst, schöner Freund, du nie sein alt!
Wie du, als deinen Blick ich erst erblickt',
So scheint dein Liebreiz noch. Drei Winter kalt
Entrissen Wäldern, was drei Sommer schmückt';
Drei schöne Lenz' in gelben Herbst gewandt,
Sah ich im Jahreszeitenfortschritt ziehn;
Dreier Mai'n Düft in drei Junien verbrannt,
Seit ich dich erst frisch sah, der du noch grün.
Ach, Schönheit doch gleich Sonnenzeigers Hand,
Entstiehlt sich der Figur, wie langsam auch,
So deine süße Farb', die noch hält stand,
Bewegt sich und getäuscht mag sein mein Aug',
   Aus Furcht davor hör dies, du Alter roh,
   Eh' du geborn, des Sommers Reiz entfloh.

                 Kannegießer

105

Let not my love be call'd idolatry,
Nor my beloved as an idol show,
Since all alike my songs and praises be
To one, of one, still such, and ever so.
Kind is my love to-day, to-morrow kind,   5
Still constant in a wondrous excellence;
Therefore my verse, to constancy confin'd,
One thing expressing, leaves out difference.
'Fair, kind, and true' is all my argument,
'Fair, kind, and true' varying to other words;   10
And in this change is my invention spent,
Three themes in one, which wondrous scope affords.
    Fair, kind, and true, have often liv'd alone,
    Which three till now never kept seat in one.

106

When in the chronicle of wasted time
I see descriptions of the fairest wights,
And beauty making beautiful old rhyme
In praise of ladies dead and lovely knights,
Then, in the blazon of sweet beauty's best,   5
Of hand, of foot, of lip, of eye, of brow,
I see their antique pen would have express'd
Even such a beauty as you master now.
So all their praises are but prophecies
Of this our time, all you prefiguring;   10
And, for they look'd but with divining eyes,
They had not skill enough your worth to sing:
    For we, which now behold these present days,
    Have eyes to wonder, but lack tongues to praise.

105

Nennt meine Liebe nicht Abgötterei,
Und mein Geliebter soll kein Abgott scheinen,
Weil all mein Lied und Lob stets einerlei
Sich immer gleicht, von Einem, an den Einen.
Mein Freund ist gütig heut und morgen gütig,
Nie wankend in vollkommner Trefflichkeit;
So kündet auch mein Lied, nie wankelmütig,
Nur immer eins und flieht Verschiedenheit.
Schön, gütig, treu, was andres sing ich nie,
Schön, gütig, treu, in neue Wort es schmiegend;
Dies Spiel erschöpft all meine Poesie,
Drei Themata in einem, nie versiegend.
  Schön, gütig, treu, die wohnten oft allein;
  Jetzt kehrten diese drei bei Einem ein.

Gildemeister

106

Wenn ich in der zerronnenen zeiten buch
Gezeichnet seh der schönsten leute bild –
Macht dort die schönheit schönen alten spruch
Zum preis von damen tot und rittern mild:

So seh ich wo sich süsse schönheit schmückt
Mit bestem · fuss und hand und aug und mund:
Ihr alter griffel wünschte ausgedrückt
Das schöne grad wie ihrs beherrscht zur stund.

So war ihr ganzer preis nur prophezein
Auf unsre zeit: sie bildeten euch vor ·
Sie · schauend mit der ahnung aug allein ·
Nicht ganz geschickt für eures ruhmes chor.

  Wir haben · lebend in dem heutigen kreis ·
  Auge zum schauen doch nicht wort zum preis.

George

107

Not mine own fears, nor the prophetic soul
Of the wide world dreaming on things to come,
Can yet the lease of my true love control,
Suppos'd as forfeit to a confin'd doom.
The mortal moon hath her eclipse endur'd,   5
And the sad augurs mock their own presage;
Incertainties now crown themselves assur'd,
And peace proclaims olives of endless age.
Now with the drops of this most balmy time
My love looks fresh, and Death to me subscribes,   10
Since spite of him I'll live in this poor rhyme,
While he insults o'er dull and speechless tribes:
    And thou in this shalt find thy monument,
    When tyrants' crests and tombs of brass are spent.

108

What's in the brain that ink may character
Which hath not figur'd to thee my true spirit?
What's new to speak, what new to register,
That may express my love or thy dear merit?
Nothing, sweet boy; but yet, like prayers divine,   5
I must each day say o'er the very same,
Counting no old thing old, thou mine, I thine,
Even as when first I hallow'd thy fair name.
So that eternal love in love's fresh case
Weighs not the dust and injury of age,   10
Nor gives to necessary wrinkles place,
But makes antiquity for aye his page;
    Finding the first conceit of love there bred,
    Where time and outward form would show it dead.

107

Nicht meine Furcht, noch ein prophetisch Ahnen
Der weiten Welt, die träumend Künftiges denkt,
Kann an die Frist mich meiner Liebe mahnen,
Wie Richterspruch, der Buße hat verhängt.
Der Erde Mond wird hell nach Finsternis,
Der düstre Augur eigene Warnung höhnt,
Unsichres krönet selbst sich zum Gewiß,
Des Friedens Ölzweig ewige Zeit verschönt.
Der Tropfen, den balsamische Zeit beschert,
Hält frisch mein Lieben; nichts tut mir der Tod,
Da ich, trotz ihm, im Reime leben werd,
Der sprachlos-dumpfen Masse nur er droht:
    Und darin wird dein Monument bestehn,
    Wenn Fürstenkron und ehern Grab vergehn.

Freund

108

Was lebt im Hirne, das die Schrift beschriebe
Und dir mein treuer Geist noch nicht erklärt?
Ist Etwas, das noch aufzuzeichnen bliebe
Von meiner Liebe, Freund, von deinem Wert?
Nichts, Liebster: doch, wie des Gebetes Reihn,
Muß ich dasselbe täglich wieder sagen;
Nichts Altes ist mir alt; du Mein, ich Dein,
Du meine Andacht, wie in fernen Tagen.
So kann die ewge Liebe nicht veralten,
Sie wägt der Zeiten Staub und Unglimpf nicht,
Sie bietet keinen Raum den Sorgenfalten,
Zwingt Alter noch zu Pagendienst und -pflicht.
    Sie findet noch der Liebe Blütenspur,
    Wo Zeit und Leiblichkeit den Tod ihr schwur.

Saenger

109

O, never say that I was false of heart,
Though absence seem'd my flame to qualify!
As easy might I from my self depart
As from my soul, which in thy breast doth lie:
That is my home of love: if I have rang'd,   5
Like him that travels, I return again,
Just to the time, not with the time exchang'd,
So that myself bring water for my stain.
Never believe, though in my nature reign'd
All frailties that besiege all kinds of blood,   10
That it could so preposterously be stain'd
To leave for nothing all thy sum of good;
   For nothing this wide universe I call,
   Save thou, my rose; in it thou art my all.

110

Alas, 'tis true I have gone here and there
And made myself a motley to the view,
Gor'd mine own thoughts, sold cheap what is most dear,
Made old offences of affections new.
Most true it is that I have look'd on truth   5
Askance and strangely: but, by all above,
These blenches gave my heart another youth,
And worse essays prov'd thee my best of love.
Now all is done, have what shall have no end:
Mine appetite I never more will grind   10
On newer proof, to try an older friend,
A god in love, to whom I am confin'd.
   Then give me welcome, next my heaven the best,
   Even to thy pure and most most loving breast.

109

Oh, nie sollst du mich falsch von Herzen heißen,
Schien schwach auch, da ich fern war, meine Glut.
So leicht könnt ich vom eignen Selbst mich reißen,
Als von der Seele, die in deiner ruht.
Dort ist der Liebe Heim. Irrt ich auch weit,
Getrieben hat mich's doch, zurückzueilen
Zu rechter Zeit, nicht anders durch die Zeit;
Selbst bring ich Tropfen, die mein Arges heilen.
Beherrschen alle Fehler auch mein Ich,
In deren Bann jedwedes Menschenblut,
Doch für so urteilslos nicht halte mich,
Für Nichts zu opfern dich, das höchste Gut.
   Nichts ist dies weite Weltall meinem Sinn,
   Du, meine Rose, bist mein Alles drin.

G. Wolff

110

's ist wahr! Ich hab mich hier und da vergeudet,
Zum Narrn gemacht, besudelt meinen Geist,
Wohlfeil verkauft, was Teuerstes bedeutet,
Und neue Lieb aus alter Qual gespeist.
Wohl wahr! Scheel hab ich auf die Tugend
Von fern gesehn. Verirrung aber ließ,
Weiß Gott! mein Herz erstehn zu neuer Jugend,
Weil jeder Fehl auf dich, den Besten, wies.
Nun dies geschehn, nimm, was kein Ende nimmt:
Nie wieder will ich wetzen neu Verlangen
Am Prüfstein, für den alten Freund bestimmt,
Den Gott an Liebe, der mich hält gefangen.
   Du, nächst dem Himmel, meine höchste Lust,
   Schließ mich an deine lieberfüllte Brust.

Ilse Krämer

111

O, for my sake do you with Fortune chide,
The guilty goddess of my harmful deeds,
That did not better for my life provide
Than public means which public manners breeds.
Thence comes it that my name receives a brand,   5
And almost thence my nature is subdu'd
To what it works in, like the dyer's hand.
Pity me then, and wish I were renew'd;
Whilst, like a willing patient, I will drink
Potions of eisel 'gainst my strong infection;   10
No bitterness that I will bitter think,
Nor double penance, to correct correction.
    Pity me then, dear friend, and I assure ye
    Even that your pity is enough to cure me.

112

Your love and pity doth th' impression fill
Which vulgar scandal stamp'd upon my brow;
For what care I who calls me well or ill,
So you o'er-green my bad, my good allow?
You are my all-the-world, and I must strive   5
To know my shames and praises from your tongue;
None else to me, nor I to none alive,
That my steel'd sense or changes right or wrong.
In so profound abysm I throw all care
Of others' voices that my adder's sense   10
To critic and to flatterer stopped are.
Mark how with my neglect I do dispense:
    You are so strongly in my purpose bred
    That all the world besides methinks are dead.

111

O, mir zuliebe sei Fortunen gram,
Der schuldigen Göttin meiner üblen Schritte,
Von der nichts Besseres ich mitbekam
Als Pöbelgeld, verdient durch Pöbelsitte.
So trägt mein Nam' ein Zeichen eingebrannt,
Und fast herabgezerrt wird so mein Wesen
Zu meinem Wirken, wie des Färbers Hand:
Wünsch mir aus Mitleid gründliches Genesen!
Als ein geduldiger Kranker will ich schlürfen
Den Trank von Essig gegen schwärend Gift;
Mir soll kein Bittres bitter schmecken dürfen,
Kein zwiefach Kreuz, wo Schärf' auf Schärfe trifft.
   Drum, Teurer, mögst du Mitleid mir bekunden;
   Dein Mitleid, glaub, genügt mir zum Gesunden.

Fulda

112

Mir füllt den Eindruck Eure Mild' und Huld,
Den Schimpf der Welt auf meine Stirn geprägt.
Frag ich, wer mir Verdienst zusprech' und Schuld,
Wenn Böses Ihr begrünt, und Gutes hegt?
Ihr seid mir alle Welt; ich bin bestrebt,
Daß Euer Mund mir Lob und Tadel künde,
Da keinem ich und mir kein andrer lebt,
Der beugt mein stählern Herz zu Recht und Sünde.
In tiefen Abgrund werf ich all mein Sorgen
Um andrer Reden, daß mein Natternohr
Vor Krittlern wie vor Schmeichlern bleibt geborgen.
Hört, was mich frei hebt über sie empor:
   Ihr seid so fest mit meinem Sinn vereint,
   Daß sonst mir alle Welt wie tot erscheint.

Lachmann

113

Since I left you, mine eye is in my mind,
And that which governs me to go about
Doth part his function and is partly blind,
Seems seeing, but effectually is out;
For it no form delivers to the heart   5
Of bird, of flower, or shape, which it doth latch;
Of his quick objects hath the mind no part,
Nor his own vision holds what it doth catch;
For if it see the rud'st or gentlest sight,
The most sweet favour or deformed'st creature,   10
The mountain or the sea, the day or night,
The crow or dove, it shapes them to your feature:
    Incapable of more, replete with you,
    My most true mind thus maketh mine eye untrue.

114

Or whether doth my mind, being crown'd with you,
Drink up the monarch's plague, this flattery?
Or whether shall I say mine eye saith true,
And that your love taught it this alchemy,
To make of monsters and things indigest   5
Such cherubins as your sweet self resemble,
Creating every bad a perfect best
As fast as objects to his beams assemble?
O, 'tis the first; 'tis flatt'ry in my seeing,
And my great mind most kingly drinks it up: 10
Mine eye well knows what with his gust is 'greeing,
And to his palate doth prepare the cup.
    If it be poison'd, 'tis the lesser sin
    That mine eye loves it and doth first begin.

113

Seit ich dir fern bin, wohnt mein Aug im Geist,
Und was mir dienen sollte als Geleit,
Dient nur zum Teil, weil blind sich's fast erweist:
Es scheint zu sehn, fort ist's in Wirklichkeit.
Nicht wird die Seele der Gestalten inne
Von Vogel, Blum, und was das Auge fängt.
Der flüchtge Reiz dringt nicht zum innern Sinne,
Und, was das Sehn erhascht, ist rasch verdrängt.
Denn, ob es Niedres schaut, ob höchste Pracht,
Das Holdeste, die rohste Kreatur,
Krähn oder Tauben, Berg, See, Tag und Nacht:
Mein Auge formt's nach deinem Bilde nur.
   Von dir erfüllt und blind für alles Neue
   Verlier ich, treugesinnt, der Sinne Treue.

                       G. Wolff

114

Ob sich mein Geist, gekrönt von deinem Licht,
An Schmeichelei, dem Gift der Herrscher labt?
Ob gar vielleicht mein Auge Wahrheit spricht,
Durch deine Liebe mit der Kunst begabt,
Daß Ungeheuer, grauenhaft und wild,
Es ganz wie dich zu Cherubim erhebt,
Das Scheusal zum vollkommnen Wunderbild,
Sobald es sich in seinem Strahl belebt?
's ist Schmeichelei des Auges, wie gesagt,
Doch gleich dem König schlürft mein Geist den Trank;
Das Auge weiß genau, was ihm behagt,
Und würzt den Becher trefflich ihm zu Dank.
   Und ist es Gift, so scheint die Sünde klein;
   Das Auge liebt's und nimmt zuerst es ein.

                     M. J. Wolff

115

Those lines that I before have writ do lie,
Even those that said I could not love you dearer:
Yet then my judgment knew no reason why
My most full flame should afterwards burn clearer.
But reckoning Time, whose million'd accidents   5
Creep in 'twixt vows and change decrees of kings,
Tan sacred beauty, blunt the sharp'st intents,
Divert strong minds to th' course of altering things —
Alas, why, fearing of Time's tyranny,
Might I not then say 'Now I love you best'   10
When I was certain o'er incertainty,
Crowning the present, doubting of the rest?
    Love is a babe; then might I not say so,
    To give full growth to that which still doth grow.

116

Let me not to the marriage of true minds
Admit impediments. Love is not love
Which alters when it alteration finds,
Or bends with the remover to remove.
O, no! it is an ever-fixed mark,   5
That looks on tempests and is never shaken;
It is the star to every wandering bark,
Whose worth's unknown, although his height be taken.
Love's not Time's fool, though rosy lips and cheeks
Within his bending sickle's compass come;   10
Love alters not with his brief hours and weeks,
But bears it out even to the edge of doom.
    If this be error and upon me prov'd,
    I never writ, nor no man ever lov'd.

115

Die Verse, die ich früher schrieb, sind Lügen –:
Als liebt' ich dich bereits mit höchster Glut!
Wie ich's verstand, so mußte mir's genügen;
Was wußt' ich denn, wie Brand und Flamme tut!
Jedoch die Zeit, die millionenfach
In Eide schleicht, an Königsworte rührt,
Die Schönheit runzlig macht, den Starrsinn schwach,
Die reinsten Geister schlimme Straßen führt –
Durft ich, in Angst vor solcher Grausamkeit,
Nicht sagen: ›Jetzt – jetzt lieb ich dich aufs höchste‹? –
Mich sichern vor der Zeit Unsicherheit?
Bang vor der Zukunft, krönte ich das nächste.
   Lieb' ist ein Kind; der irrt, der dies vergißt,
   Erwachsen nimmt, was noch im Wachstum ist.

Flatter

116

Heiß mich nicht sagen: treuer Herzen Bund
Gibt Hindernissen Raum: Lieb ist nicht Liebe,
Die wechseln würd mit wechselvoller Stund
Und dem Vertreiber weicht, der sie vertriebe.
O nein, sie bleibt die ewig feste Mark,
Blickt in den Sturm, bleibt selber ungeschüttelt,
Der Leitstern jeder seebefahrnen Bark,
Sein Ort bestimmt, sein Wesen unermittelt.
Kein Narr der Zeit: ob Rosen-Lipp und Wang
In den Bereich des Sichelschwunges fällt,
Lieb wechselt nicht mit Tag- und Mondengang,
Sie bleibt und dauert bis ans Ziel der Welt.
   Ist dies ein Trug, des man mich zeihen kann,
   Schrieb ich kein Wort, und liebte je kein Mann.

Schröder

117

Accuse me thus: that I have scanted all
Wherein I should your great deserts repay;
Forgot upon your dearest love to call,
Whereto all bonds do tie me day by day;
That I have frequent been with unknown minds, 5
And given to time your own dear-purchas'd right;
That I have hoisted sail to all the winds
Which should transport me farthest from your sight.
Book both my wilfulness and errors down,
And on just proof surmise accumulate; 10
Bring me within the level of your frown,
But shoot not at me in your waken'd hate;
   Since my appeal says I did strive to prove
   The constancy and virtue of your love.

118

Like as to make our appetites more keen
With eager compounds we our palate urge,
As to prevent our maladies unseen
We sicken to shun sickness when we purge;
Even so, being full of your ne'er-cloying sweetness, 5
To bitter sauces did I frame my feeding,
And, sick of welfare, found a kind of meetness
To be diseas'd ere that there was true needing.
Thus policy in love, t' anticipate
The ills that were not, grew to faults assur'd, 10
And brought to medicine a healthful state,
Which, rank of goodness, would by ill be cur'd:
   But thence I learn, and find the lesson true,
   Drugs poison him that so fell sick of you.

117

Verklage mich, daß ich so karg gemessen,
Was dein Verdienst um mich erheischen mag;
Daß ich um deine Huld zu flehn vergessen,
An die mich fester kettet Tag für Tag;
Daß ich zu fremden Herzen mich gewandt,
Ward untreu deinen teu'r erkauften Rechten,
Und allen Winden Segel aufgespannt,
Die dir mich aus dem Aug' am weitsten brächten.
Führ' an mein Irren, meinen Eigensinn,
Führ' den Beweis, ja, häufe noch Verdacht,
Stell mich zum Ziele deines Hasses hin,
Doch schieße nicht, sowie dein Zorn erwacht;
  Ich schütze vor, ich habe deine Liebe
  Geprüft nur, ob sie fest und treu auch bliebe.

                              Richter

118

Wie wir, um beßre Eßlust zu erzeugen,
Den Gaumen reizen mit geschärften Würzen,
Uns selbst, um einer Krankheit vorzubeugen,
Durch innre Reinigung in Krankheit stürzen,
So, deiner Süße voll, doch niemals satt,
Hab ich zur Kost das Bitterste genommen:
Vor Wohlsein siech, macht' ich mich selber matt,
Um krank zu sein, eh meine Zeit gekommen.
Aus Liebeslist wollt' ich das Leid verfrüh'n –
Es war ein Spiel, nun ist es Ernst geworden:
Ich selbst, gesund, mußt' mich um Krankheit müh'n,
Was heil und wohl war, künstlich zu ermorden.
  Die eine Lehre draus ergibt sich mir:
  Arznei ist Gift für den, der krank an dir.

                              Flatter

119

What potions have I drunk of Siren tears,
Distill'd from limbecks foul as hell within,
Applying fears to hopes and hopes to fears,
Still losing when I saw myself to win!
What wretched errors hath my heart committed,   5
Whilst it hath thought itself so blessed never!
How have mine eyes out of their spheres been fitted
In the distraction of this madding fever!
O benefit of ill! Now I find true
That better is by evil still made better;   10
And ruin'd love, when it is built anew,
Grows fairer than at first, more strong, far greater.
  So I return rebuk'd to my content,
    And gain by ill thrice more than I have spent.

120

That you were once unkind befriends me now,
And for that sorrow which I then did feel
Needs must I under my transgression bow,
Unless my nerves were brass or hammer'd steel.
For if you were by my unkindness shaken,   5
As I by yours, y'have pass'd a hell of time;
And I, a tyrant, have no leisure taken
To weigh how once I suffer'd in your crime.
O that our night of woe might have remember'd
My deepest sense how hard true sorrow hits,   10
And soon to you, as you to me, then tender'd
The humble salve which wounded bosoms fits!
  But that your trespass now becomes a fee;
    Mine ransoms yours, and yours must ransom me.

119

Wie schlürft' ich Tränke von Sirenentränen,
Mit Höllengraus gefülltes Kolbens Laugen;
Mußt' immer Hoffen Furcht, Furcht Hoffen wähnen;
Verlor stets, sah ich schon Gewinn vor Augen!
Welch schnöder Irrtum hat mein Herz umlauert,
Weil's dachte, Höhers würd' ihm nichts, noch Liebers!
Wie seiner Sphäre ward mein Aug' entschauert,
In der Verrückung tollzerstreundes Fiebers!
O Übels Heil! Nun hab ich recht geschaut,
Wie Gutes durch das Böse wird noch besser,
Und Liebe, die zerstört war, neu erbaut,
Wird schöner als zuvor, kraftvoller, größer.
    Verstoßen kehr ich heim zu meiner Lust,
    Gewinn am Bösen dreimal den Verlust.

Lachmann

120

Daß du einst hart warst, schafft mir nun Genügen:
Und, bei der damals tief empfundnen Pein,
Mußt' ich notwendig meiner Schuld erliegen,
Wenn meine Nerven nicht von Stahl und Stein.
Denn, wenn dich meine Härte traf, wie mich
Die deine, littst du Höllenqual indessen;
Und ich Tyrann hab unbedächtiglich
Nicht, was ich damals von dir litt, ermessen.
Oh, daß mich da in unsers Kummers Nacht
Das tiefste Herz gemahnt, wie wahrer Gram verwundet!
Daß wir einander gleich das linde Öl gebracht,
Wovon verletzter Busen schnell gesundet.
    Doch wird dein Fehltritt nun zum Lösegeld,
    Und jedes Schuld tilgt, was der Freund gefehlt.

Regis

121

'Tis better to be vile than vile esteem'd,
When not to be receives reproach of being,
And the just pleasure lost, which is so deemed
Not by our feeling, but by others' seeing.
For why should others' false adulterate eyes   5
Give salutation to my sportive blood?
Or on my frailties why are frailer spies,
Which in their wills count bad what I think good?
No, I am that I am, and they that level
At my abuses reckon up their own;   10
I may be straight though they themselves be bevel;
By their rank thoughts my deeds must not be shown –
    Unless this general evil they maintain:
    All men are bad and in their badness reign.

122

Thy gift, thy tables, are within my brain
Full character'd with lasting memory,
Which shall above that idle rank remain
Beyond all date, even to eternity;
Or at the least so long as brain and heart   5
Have faculty by nature to subsist;
Till each to raz'd oblivion yield his part
Of thee, thy record never can be miss'd.
That poor retention could not so much hold,
Nor need I tallies thy dear love to score;   10
Therefore to give them from me was I bold,
To trust those tables that receive thee more.
    To keep an adjunct to remember thee
    Were to import forgetfulness in me.

121

's ist besser, schlecht zu sein als schlecht zu scheinen;
Wenn beides gleichem Tadel doch verfällt,
Und uns ein Glück raubt, das nicht unserm reinen
Gefühl als schlecht gilt, doch dem Aug' der Welt.
Denn warum sollte voller Hochmut sehen
Der Heuchler Auge auf mein wildes Blut,
Warum selbst schwach, nach meinen Schwächen spähen
Und das verwerfen, was ich hielt für gut?
Nein! ich bin, was ich bin, und sie erheben,
Wenn sie mich tadeln, gegen sich den Stein;
Falsch ist das ihre, rein vielleicht mein Leben,
Ihr schnöder Sinn darf nicht mein Richter sein.
    Es sei denn, daß die Menschheit insgesamt
    Durch ihren Spruch als sündig wird verdammt.

M. J. Wolff

122

Die Blätter, die du schenktest, sind beschrieben
In meinem Hirn dir dankbar aufbewahrt,
Wo sie beschützt vor Wechselfällen blieben,
Der Zeit zum Trotz der Ewigkeit gespart.
So lange mindestens als Herz und Haupt
Natur mir unverkümmert läßt bestehn,
Nicht löschendes Vergessen beidem raubt
Sein Teil an dir, kann nie dein Bild vergehn.
Solch ein Behältnis mochte dich nicht fassen,
Ein Kerbholz schien für deine Liebe Tand:
So konnt' ich wohl die schlechten Blätter lassen,
Da mehr von dir in meinem Herzen stand.
    Bedürft' ich sie, dein ferner zu gedenken,
    Das hieße mich als sehr vergeßlich kränken.

Simrock

123

No, Time, thou shalt not boast that I do change:
Thy pyramids built up with newer might
To me are nothing novel, nothing strange;
They are but dressings of a former sight.
Our dates are brief, and therefore we admire   5
What thou dost foist upon us that is old,
And rather make them born to our desire
Than think that we before have heard them told.
Thy registers and thee I both defy,
Not wondering at the present nor the past,   10
For thy records and what we see doth lie,
Made more or less by thy continual haste.
  This I do vow, and this shall ever be:
  I will be true, despite thy scythe and thee.

124

If my dear love were but the child of state,
It might for Fortune's bastard be unfather'd,
As subject to Time's love or to Time's hate,
Weeds among weeds, or flowers with flowers gather'd.
No, it was builded far from accident;   5
It suffers not in smiling pomp, nor falls
Under the blow of thralled discontent,
Whereto th' inviting time our fashion calls.
It fears not Policy, that heretic,
Which works on leases of short-number'd hours,   10
But all alone stands hugely politic,
That it nor grows with heat nor drowns with showers.
  To this I witness call the fools of time,
  Which die for goodness, who have liv'd for crime.

123

Du sollst nicht prahlen, daß ich anders werde:
Schaff nur an deinen Pyramiden, Zeit.
Es gibt nichts Neues, Fremdes auf der Erde;
Die alten Formen nur in neuem Kleid.
Kurz ist das Leben, drum bewundern wir
Das Alte, das du neu für uns erlesen,
Und nehmens als besondre Gunst von dir,
Anstatt zu denken, daß es schon gewesen.
Ich trotze dir und deinem Buch mit Fug,
Bewundre nicht das Einst und nicht das Jetzt;
Denn was du buchst, und was wir sehn, ist Trug
Und zeigt nur, wie du für und für gehetzt.
   So soll es sein, und das gelob ich mir:
   Ich bleibe treu trotz deiner Sens' und dir.

Saenger

124

Wär meine Liebe nur ein Kind der Pracht,
Glücksbastard wäre sie und vaterlos,
Aus Zeitengunst und Zeitenhaß gemacht,
Unkraut bei Unkraut, Blum' bei Blume bloß.
Nein, keinem Zufall dankt sie ihr Bestehn,
Sie leidet nicht an falschem Prunk, noch kann
Im Sturm des Sklaven-Mißmuts sie verwehn,
Dem unsre Mode heute untertan.
Sie fürchtet von der Ketzerklugheit nichts,
Die mit Verträgen wirkt von kurzer Dauer,
Sie ist die Klugheit selbst, die angesichts
Von Glut nicht schwillt, nicht sinkt im Regenschauer.
   Ihr Narrn der Zeit sollt mir hier Zeugnis künden,
   Die ihr in Tugend sterbt und lebt in Sünden.

Ilse Krämer

125

Were't aught to me I bore the canopy,
With my extern the outward honouring,
Or laid great bases for eternity,
Which proves more short than waste or ruining?
Have I not seen dwellers on form and favour   5
Lose all, and more, by paying too much rent,
For compound sweet forgoing simple savour –
Pitiful thrivers, in their gazing spent?
No, let me be obsequious in thy heart,
And take thou my oblation, poor but free,   10
Which is not mix'd with seconds, knows no art
But mutual render, only me for thee.
    Hence, thou suborn'd informer! a true soul
    When most impeach'd stands least in thy control.

126

O thou, my lovely boy, who in thy power
Dost hold Time's fickle glass, his sickle hour;
Who hast by waning grown, and therein show'st
Thy lovers withering as thy sweet self grow'st;
If Nature, sovereign mistress over wrack,   5
As thou goest onwards, still will pluck thee back,
She keeps thee to this purpose, that her skill
May Time disgrace, and wretched minutes kill.
Yet fear her, O thou minion of her pleasure!
She may detain, but not still keep, her treasure: 10
    Her audit, though delay'd, answer'd must be,
    And her quietus is to render thee.

125

Was frommte mir's, den Baldachin zu tragen,
Mit meinem Äußern hohlem Prunk zu dienen,
Zu baun an ewger Werke Unterlagen,
Die Umsturz rasch verwandelt in Ruinen?
Wie Manche, schwärmend nur für Form und Farben,
Sah ich, in Süßem schwelgend ohne Wert,
Anstarrend traurige Gewinne, darben,
Nachdem zu hoher Zins ihr Gut verzehrt.
Nein, fromm in deinem Herzen laß mich ruhn,
Nimm, arm doch frei, als Opfergabe mich.
Sie trübt kein flaches und geziertes Tun,
Sie will nur Austausch: einzig mich für dich!
    Verleumder flieh! Du sollst, trotz schwerster Pein,
    Nie einer treuen Seele Hüter sein.

G. Wolff

126

Mein holder Knabe, der in seine Macht
Sichel und Stundenglas der Zeit gebracht,
Der durch Abnahme wachsend so entdeckst
Des Freundes Welken, wie du selber wächst!
Wenn dich Natur, Verderbens Herrin, sieht
Fortschreiten und zurück dich immer zieht,
Geschieht es nur, weil ihr verhaßt die Zeit,
Von der sie Teilchen gern dem Tode weiht.
Doch fürcht, o Liebling ihrer Lust, auch sie!
Sie hält wohl an, doch ihren Schatz fest nie.
    Verschob sie's lang, einst legt sie Rechnung ab;
    Die Quittung ist: daß sie zurück dich gab.

Richter

127

In the old age black was not counted fair,
Or if it were, it bore not beauty's name;
But now is black beauty's successive heir,
And beauty slander'd with a bastard shame;
For since each hand hath put on Nature's power,   5
Fairing the foul with Art's false borrow'd face,
Sweet Beauty hath no name, no holy bower,
But is profan'd, if not lives in disgrace.
Therefore my mistress' eyes are raven black,
Her eyes so suited, and they mourners seem   10
At such who, not born fair, no beauty lack,
Slandering creation with a false esteem:
    Yet so they mourn, becoming of their woe,
    That every tongue says beauty should look so.

128

How oft, when thou, my music, music play'st
Upon that blessed wood whose motion sounds
With thy sweet fingers, when thou gently sway'st
The wiry concord that mine ear confounds,
Do I envy those jacks that nimble leap   5
To kiss the tender inward of thy hand,
Whilst my poor lips, which should that harvest reap,
At the wood's boldness by thee blushing stand!
To be so tickled, they would change their state
And situation with those dancing chips   10
O'er whom thy fingers walk with gentle gait,
Making dead wood more blest than living lips.
    Since saucy jacks so happy are in this,
    Give them thy fingers, me thy lips to kiss.

Die alte Zeit sah Schwarz für schön nicht an,
Und wenn, so trugs doch nicht der Schönheit Nam'.
Doch nun tritt Schwarz der Schönheit Erbe an,
Und Schönheit wird entehrt durch Bastardscham:
Seit jede Hand vorgibt, Natur zu sein,
Mit Fälscherkunst gemeine Mienen färbt,
Büßt' süße Schönheit Nam' und Tempel ein,
Ist ausgestoßen oder lebt enterbt.
Drum ist so rabenschwarz der Herrin Haar,
Ihr Auge auch, von Trauer, scheints, verzehrt,
Weil, wer unschön geborn, nicht schönheitsbar
Die Schöpfung mit gefälschtem Schein entehrt.
    Trauern sie so, steht ihnen so ihr Leid,
    Daß jeder Mund sagt, dies sei Schönheitskleid.

Keil

Wie oft, wann du, Musik mir, musizierest,
Wann unter lieben Fingern hochbeglückt
Das Holz sich regt und tönt, und du regierest
Der Saiten Wohllaut, der mein Ohr berückt;
Wie oft beneid ich dann die flinken Tasten!
Wie springen sie und küssen dir die Hand,
Ach, meine Lippen stehn dabei und fasten,
Ob solcher Keckheit schamrot, festgebannt.
Um solches Streicheln tauschten sie getrost
Rang, Los und Stand mit jener Tänzersippe;
Denn seliger, von Fingern so liebkost,
Ist totes Holz als die lebend'ge Lippe.
    Wenn kleine Klötzchen denn so schwelgen müssen,
    Laß sie die Finger, mich die Lippen küssen.

Gildemeister

129

Th' expense of spirit in a waste of shame
Is lust in action; and till action, lust
Is perjur'd, murderous, bloody, full of blame,
Savage, extreme, rude, cruel, not to trust;
Enjoy'd no sooner but despised straight;   5
Past reason hunted, and no sooner had,
Past reason hated, as a swallow'd bait,
On purpose laid to make the taker mad –
Mad in pursuit, and in possession so;
Had, having, and in quest to have, extreme;   10
A bliss in proof, and prov'd, a very woe;
Before, a joy propos'd; behind, a dream.
    All this the world well knows; yet none knows well
    To shun the heaven that leads men to this hell.

130

My mistress' eyes are nothing like the sun;
Coral is far more red than her lips' red;
If snow be white, why then her breasts are dun;
If hairs be wires, black wires grow on her head.
I have seen roses damask'd, red and white,   5
But no such roses see I in her cheeks;
And in some perfumes is there more delight
Than in the breath that from my mistress reeks.
I love to hear her speak, yet well I know
That music hath a far more pleasing sound;   10
I grant I never saw a goddess go –
My mistress when she walks treads on the ground.
    And yet, by heaven, I think my love as rare
    As any she belied with false compare.

129

Verbrauch von geist in schändlicher verzehr
Ist lust in tat · und bis zur tat · ist lust
Meineidig · mörderisch · blutig · voll unehr ·
Wild · tierisch · grausam · roh · des lugs bewusst.

Genossen wo gleich drauf verachtung trifft ·
Sinnlos erjagt und gleich nach dem empfang
Sinnlos gehasst wie ein verschlucktes gift ·
Eigens gelegt dass toll wird wer es schlang.

Toll im verfolg und im besitz zumal ·
Erlangt und im und beim erlangen wild ·
Glück beim versuch und wenn versucht nur qual ·
Erst: freudig hoffen · nachher: schattenbild.

  Dies weiss jedweder .. doch nicht wie man flieht
  Den himmel der zu dieser hölle zieht.

George

130

In ihrem aug ist nichts von sonnenstrahl ·
Korall ist röter als ihr lippenpaar ·
Wenn schnee weiss ist so ist ihr busen fahl ·
Sind locken draht · ist schwarzer draht ihr haar.

Ich schaute rosen zwiefarb · weiss und rot ·
Doch solche rosen trägt nicht ihr gesicht —
Und ich fand duft der mehr an reizen bot
Als jener hauch der aus dem mund ihr bricht.

Ihr reden hör ich gern · doch muss gestehn:
Musik hat einen angenehmern klang.
Ich sah noch niemals eine göttin gehn:
SIE schreitet auf dem grund bei ihrem gang ..

  Und doch ist meine liebe mir so reich
  Als jede die man fälscht mit lug-vergleich.

George

131

Thou art as tyrannous, so as thou art,
As those whose beauties proudly make them cruel;
For well thou know'st to my dear doting heart
Thou art the fairest and most precious jewel.
Yet, in good faith, some say that thee behold   5
Thy face hath not the power to make love·groan:
To say they err I dare not be so bold,
Although I swear it to myself alone.
And to be sure that is not false I swear,
A thousand groans, but thinking on thy face,   10
One on another's neck, do witness bear
Thy black is fairest in my judgment's place.
  In nothing art thou black save in thy deeds,
    And thence this slander, as I think, proceeds.

132

Thine eyes I love, and they, as pitying me,
Knowing thy heart torments me with disdain,
Have put on black, and loving mourners be,
Looking with pretty ruth upon my pain.
And truly not the morning sun of heaven   5
Better becomes the grey cheeks of the east,
Nor that full star that ushers in the even
Doth half that glory to the sober west,
As those two mourning eyes become thy face.
O, let it then as well beseem thy heart   10
To mourn for me, since mourning doth thee grace,
And suit thy pity like in every part.
  Then will I swear Beauty herself is black,
    And all they foul that thy complexion lack.

131

Tyrannisch bist du gleich den andern allen,
Die ihre Schönheit stolz und grausam macht;
Mein töricht Herz, du weißt's, ist dir verfallen,
Du bist sein Hauptjuwel voll Glanz und Pracht.
Zwar, im Vertraun: sie sagen, dein Gesicht
Sei nicht danach, daß es ein Herz betöre;
Zu sagen, daß sie lügen, wag ich nicht,
So sehr ich auch, bin ich allein, drauf schwöre.
Und zum Beweise, daß mein Eid auch wahr,
Ach, tausend Seufzer, denk ich nur dein Bild,
Die bieten alle sich als Zeugen dar,
Daß mir dein Schwarz als höchste Schönheit gilt.
   Schwarz ist an dir nichts als dein Tun und Treiben:
   Dem ist wohl jene Schmähung zuzuschreiben.

Flatter

132

Dein' Augen lieb ich; sie, mitleiderfüllt,
Wohl wissend, daß dein Herz mich hart verschmähe,
Stehn da in schwarzem Kleid, und trauern mild,
Und sehn mit zartem Mitgefühl mein Wehe.
Und wahrlich, selbst des Himmels Morgenschein
Steht besser nicht dem Ost zu grauen Wangen;
Der Stern voll Glanz, der führt den Abend ein,
Gibt dem bescheidnen West nicht halb das Prangen,
Wie dem Gesicht zwei traurige Augen stehn.
O zieme des doch fürder auch dein Herz,
Um mich zu trauern, macht dich Trauern schön,
Und kleide dich mitleidig allerwärts.
   Dann schwör ich gern: die Schöne selbst ist schwarz;
   Was andre Farb' empfing, grundhäßlich ward's.

Lachmann

133

Beshrew that heart that makes my heart to groan
For that deep wound it gives my friend and me!
Is't not enough to torture me alone,
But slave to slavery my sweet'st friend must be?
Me from myself thy cruel eye hath taken,   5
And my next self thou harder hast engross'd:
Of him, my self, and thee I am forsaken;
A torment thrice threefold thus to be crossed.
Prison my heart in thy steel bosom's ward,
But then my friend's heart let my poor heart bail;   10
Whoe'er keeps me, let my heart be his guard;
Thou canst not then use rigour in my gaol.
   And yet thou wilt; for I, being pent in thee,
   Perforce am thine, and all that is in me.

134

So, now I have confess'd that he is thine,
And I myself am mortgag'd to thy will,
My self I'll forfeit, so that other mine
Thou wilt restore to be my comfort still.
But thou wilt not, nor he will not be free,   5
For thou art covetous, and he is kind;
He learn'd but surety-like to write for me
Under that bond that him as fast doth bind.
The statute of thy beauty thou wilt take,
Thou usurer that put'st forth all to use,   10
And sue a friend came debtor for my sake;
So him I lose through my unkind abuse.
   Him have I lost; thou hast both him and me:
   He pays the whole, and yet am I not free.

133

Verwünscht das Herz, das so mein Herz zerschlug
Und mit mir meinen Freund im Schmerz läßt stöhnen!
Ist's, mich allein zu foltern, nicht genug?
Muß auch mein süßer Freund im Frondienst frönen?
Roh brachte mich dein Aug ums eigne Ich,
Jetzt hast du mir mein zweites Selbst geraubt.
Um ihn, um mich, um dich betrügst du mich,
Dreifache Qual traf dreimal dieses Haupt.
Mein Herz in deiner Stahlbrust kerkre ein!
Gib frei des Freundes Herz, halt meins in Haft:
Das soll – wer mich auch hält – sein Hüter sein,
Nicht streng dann machst du die Gefangenschaft.
    Du tust es doch: einmal gefangen dir,
    Bin ich ganz dein mit Allem, was in mir.

                                        G. Wolff

134

Nun hab ich dir gestanden, daß er Dein
Und daß ich selbst verpfändet deinem Willen;
So nimm mich hin! doch ihn – auch er war Mein –
Ihn gib mir wieder, meinen Gram zu stillen.
Du weigerst dich, und er will unfrei bleiben,
Denn du bist gierig, und sein Herz ist mild;
Er lernte ja für mich nur unterschreiben
Den Schuldbrief, der für ihn als Fessel gilt.
Du aber wirst auf deine Schönheit pochen,
Du Wucherin, auf Vorteil stets bedacht!
Du nimmst von ihm, was er für mich versprochen,
Durch meine Schuld bin ich um ihn gebracht.
    Er ging von mir; du hast statt Eines Zwei;
    Er zahlt das Spiel, und doch bin ich nicht frei.

                                        Saenger

135

Whoever hath her wish, thou hast thy Will,
And Will to boot, and Will in overplus;
More than enough am I that vex thee still,
To thy sweet will making addition thus.
Wilt thou, whose will is large and spacious,   5
Not once vouchsafe to hide my will in thine?
Shall will in others seem right gracious,
And in my will no fair acceptance shine?
The sea, all water, yet receives rain still,
And in abundance addeth to his store;   10
So thou, being rich in Will, add to thy Will
One will of mine, to make thy large Will more.
    Let no unkind, no fair beseechers kill;
    Think all but one, and me in that one Will.

136

If thy soul check thee that I come so near,
Swear to thy blind soul that I was thy Will,
And will, thy soul knows, is admitted there;
Thus far for love my love-suit, sweet, fulfil.
Will will fulfil the treasure of thy love,   5
Ay, fill it full with wills, and my will one.
In things of great receipt with ease we prove
Among a number one is reckon'd none.
Then in the number let me pass untold,
Though in thy store's account I one must be;   10
For nothing hold me, so it please thee hold
That nothing me, a something sweet to thee;
    Make but my name thy love, and love that still,
    And then thou lov'st me, for my name is Will.

135

Manch Weib hat ihren Wunsch, du deinen Will,
Und Will dazu, und Will in Überfluß;
Mehr als genug bring ich als bittre Pill
Zu deinem süßen Willn noch mich als Plus.
Willst du nicht, deren Willen weit und groß ist,
Einst gnädig hülln in deinen meinen Willn?
Ob dir willkommen andrer Willen bloß ist,
Soll meinen Willn kein hold Empfangen stilln?
Das Meer, ganz Wasser, nimmt den Regen doch
Und gibt im Überfluß auch ihm noch Platz;
So, reich an Wills, gib deinem Will du noch
Meinen zu deines weiten Willens Schatz.
  Ob häßlich oder schön, wer dich auch will,
  Denk, alle (drunter ich) sei'n einer: Will.

Keil

136

Wenn dich die Seele warnt, ich käm zu nah,
Schwör blinder Seele, daß ich wär dein Will.
Und Will', die Seele weiß, hat Zugang da,
Drum, fern von Lieb', mein Liebstes, süß erfüll.
Will will vollfülln das Kleinod deiner Lieb,
Ei, füll es voll mit Wills, und meins sei eins.
Leicht findet, wer im Großen Handel trieb:
In einer Unzahl rechnet eins als keins.
So laß mich in der Unzahl ungezählt,
Wenn ich im Konto auch als eins erschein.
Halt mich für nichts, halt mich, wie dirs gefällt,
Laß mich, dies Nichts, dir süßes Etwas sein.
  Nur meinen Namen lieb, und lieb ihn still,
  Dann liebst du mich, ist doch mein Name Will.

Keil

137

Thou blind fool, Love, what dost thou to mine eyes
That they behold, and see not what they see?
They know what beauty is, see where it lies,
Yet what the best is take the worst to be.
If eyes, corrupt by over-partial looks,   5
Be anchor'd in the bay where all men ride,
Why of eyes' falsehood hast thou forged hooks,
Whereto the judgment of my heart is tied?
Why should my heart think that a several plot,
Which my heart knows the wide world's common place?   10
Or mine eyes, seeing this, say this is not,
To put fair truth upon so foul a face?
   In things right true my heart and eyes have err'd,
   And to this false plague are they now transferr'd.

138

When my love swears that she is made of truth,
I do believe her, though I know she lies,
That she might think me some untutor'd youth,
Unlearned in the world's false subtleties.
Thus vainly thinking that she thinks me young,   5
Although she knows my days are past the best,
Simply I credit her false-speaking tongue:
On both sides thus is simple truth suppress'd.
But wherefore says she not she is unjust?
And wherefore say not I that I am old?   10
O, love's best habit is in seeming trust,
And age in love loves not to have years told.
   Therefore I lie with her, and she with me,
   And in our faults by lies we flattered be.

137

Was, Blindling Amor, tatst du meinen Augen,
Die immer schaun, und sehn nicht, was sie sehn,
Die Schöne kennen, sie zu finden taugen,
Und nennen häßlich das, was eben schön?
Wenn Augen, von befangnem Blick umdämmert,
Grund faßten in der Bucht für jedermann,
Aus Augentrug hast Klammern du gehämmert,
Und bandest mir des Herzens Sinn daran?
Was nimmt mein Herz für abgehegt Gebiet,
Was, wie's erkennt, die Welt gemeinsam füllt?
Was muß mein Aug' ableugnen, was es sieht,
Trägt schöne Tugend auf ein häßlich Bild?
    Am Wahren hat mein Aug' und Herz geirrt;
    Nun sind sie in dies Lügenleid verwirrt.

Lachmann

138

Wenn sie mir schwört, aus Wahrheit zu bestehn,
So glaub ich ihr, obwohl ich weiß, sie lügt.
Sie soll in mir den grünen Jüngling sehn,
Dem's unbekannt, wie fein die Welt betrügt.
So denke ich, sie denkt, ich sei noch jung,
Obwohl sie weiß, mein bester Tag ist hin.
Einfältig glaub ich ihrer falschen Zung'.
So knebeln beide wir der Wahrheit Sinn.
Doch warum sagt sie nicht, daß sie nicht echt?
Warum sag ich nicht, ich sei alt sogar?
Dem Liebesbrauch ist Scheinvertrauen recht,
Verliebtes Alter liebt nicht Zahl noch Jahr.
    Drum täuschen und belügen wir uns zwei,
    Aus Fehlern wird durch Lüge Schmeichelei.

Ilse Krämer

139

O, call not me to justify the wrong
That thy unkindness lays upon my heart;
Wound me not with thine eye, but with thy tongue;
Use power with power, and slay me not by art.
Tell me thou lov'st elsewhere; but in my sight,   5
Dear heart, forbear to glance thine eye aside.
What need'st thou wound with cunning, when thy might
Is more than my o'erpress'd defence can bide?
Let me excuse thee: ah, my love well knows
Her pretty looks have been mine enemies;   10
And therefore from my face she turns my foes,
That they elsewhere might dart their injuries.
   Yet do not so; but since I am near slain,
   Kill me outright with looks and rid my pain.

140

Be wise as thou art cruel; do not press
My tongue-tied patience with too much disdain;
Lest sorrow lend me words, and words express
The manner of my pity-wanting pain.
If I might teach thee wit, better it were,   5
Though not to love, yet, love, to tell me so;
As testy sick men, when their deaths be near,
No news but health from their physicians know.
For, if I should despair, I should grow mad,
And in my madness might speak ill of thee.   10
Now this ill-wresting world is grown so bad
Mad slanderers by mad ears believed be.
   That I may not be so, nor thou belied,
   Bear thine eyes straight, though thy proud heart go wide.

139

Oh, heiß mich nicht, auch noch dich loszusprechen;
Mir drückt's das Herz, daß du mir ungut bist.
Laß nicht dein Aug', dein Wort laß mich erstechen –
Üb deine Macht mit Macht und nicht mit List!
Sag, du liebst anderswo! – doch mir vor Augen
Laß ab, geliebtes Herz, umherzuschielen!
Was braucht's der Schliche? Deine Kräfte taugen,
Mehr als ich wehren kann, zu bösern Spielen!
Ich sprech dich frei: Die Liebste weiß recht gut,
Ihr voller Blick ist stets mein Feind gewesen;
Drum lenkt sie seitwärts seiner Pfeile Wut,
Daß sie sich anderswo ihr Ziel erlesen.
    Und doch, tu's nicht! – ich bin schon lang halb tot:
    Zück deinen Blick, erlös mich meiner Not!

Flatter

140

Ach sei so klug als grausam; dränge nicht
Durch allzu hart Verschmähn mein stumm Ertragen.
Sonst leiht der Schmerz mir Red', und Rede spricht
Die Art aus der erbarmungslosen Plagen.
Weit besser wär's, belehrte dich mein Rat,
Du liebtest nicht, doch, Liebchen, sagtest du's;
Wie eigne Kranke, wann ihr Sterben naht,
Vom Arzt nur hören der Genesung Gruß.
Denn müßt' ich ganz verzweifeln, würd' ich toll,
Sagt' in der Tollheit manches dir zur Schmach.
Bös ist die Welt jetzt, von Verdrehung voll;
Toll glaubt ihr Ohr, was toll Verleumden sprach.
    Daß ich nicht rasend werd und du verkannt,
    Wend her dein Aug', ist auch dein Herz entwandt.

Lachmann

141

In faith, I do not love thee with mine eyes,
For they in thee a thousand errors note;
But 'tis my heart that loves what they despise,
Who in despite of view is pleas'd to dote;
Nor are mine ears with thy tongue's tune delighted;   5
Nor tender feeling to base touches prone,
Nor taste nor smell desire to be invited
To any sensual feast with thee alone;
But my five wits nor my five senses can
Dissuade one foolish heart from serving thee,   10
Who leaves unsway'd the likeness of a man,
Thy proud heart's slave and vassal wretch to be:
    Only my plague thus far I count my gain,
    That she that makes me sin awards me pain.

142

Love is my sin, and thy dear virtue hate,
Hate of my sin, grounded on sinful loving:
O, but with mine compare thou thine own state,
And thou shalt find it merits not reproving;
Or, if it do, not from those lips of thine,   5
That have profan'd their scarlet ornaments,
And seal'd false bonds of love as oft as mine,
Robb'd others' beds' revenues of their rents.
Be it lawful I love thee as thou lov'st those
Whom thine eyes woo as mine importune thee: 10
Root pity in thy heart, that, when it grows,
Thy pity may deserve to pitied be.
    If thou dost seek to have what thou dost hide,
    By self-example mayst thou be denied!

141

Fürwahr, nicht mit den Augen lieb ich dich,
Die tausend Fehler ja an dir betrachten.
Mein Herz vergaffte trotz den Augen sich
Und das vergöttert nun, was sie verachten.
Auch schwelget nicht mein Ohr in deinem Ton;
Kein niedrer Kitzel des Gefühls in mir,
Geschmack nicht noch Geruch begehrten schon
Nach einem Sinnenschmaus allein mit dir.
Doch hindern die fünf Sinne nimmermehr
Ein töricht Herz, dir Knechtsdienst zu weihn;
Es läßt den Thron in meinem Körper leer,
Um deines stolzen Herzens Sklav zu sein.
   Nur eins dünkt mich Gewinn bei meiner Pest,
   Daß sie mich züchtigt, die mich sünd'gen läßt.

Gildemeister

142

Mein Fehl ist Liebe, deine Tugend Haß,
Haß meines Fehls, der sünd'ger Lieb' entstammt!
O, prüfe mich mit deinem eignen Maß,
Und du findst nichts an mir, das mich verdammt.
Geschieht es dennoch, darf dein Mund es nicht,
Der seiner Scharlachlippen Zier geschändet,
Der oft gleich mir im Bruch der eignen Pflicht
Das Recht des fremden Ehebetts entwendet.
Ich darf dich lieben, wie du andre liebst,
Um die dein Blick, wie meiner um dich, girrt;
Hab Mitleid denn, daß wie du Mitleid übst,
Dir Mitleid auch dereinst vergolten wird.
   Wenn du verlangst, was ich bei dir entbehrt,
   Sei es nach deinem Vorbild dir verwehrt.

M. J. Wolff

143

Lo as a careful houswife runs to catch
One of her feather'd creatures broke away,
Sets down her babe, and makes all swift dispatch
In pursuit of the thing she would have stay;
Whilst her neglected child holds her in chase,   5
Cries to catch her whose busy care is bent
To follow that which flies before her face,
Not prizing her poor infant's discontent:
So runn'st thou after that which flies from thee,
Whilst I thy babe chase thee afar behind;   10
But if thou catch thy hope, turn back to me,
And play the mother's part, kiss me, be kind.
   So will I pray that thou mayst have thy Will,
   If thou turn back and my loud crying still.

144

Two loves I have, of comfort and despair,
Which like two spirits do suggest me still:
The better angel is a man right fair,
The worser spirit a woman colour'd ill.
To win me soon to hell, my female evil   5
Tempteth my better angel from my side,
And would corrupt my saint to be a devil,
Wooing his purity with her foul pride.
And whether that my angel be turn'd fiend,
Suspect I may, yet not directly tell;   10
But being both from me, both to each friend,
I guess one angel in another's hell.
   Yet this shall I ne'er know, but live in doubt,
   Till my bad angel fire my good one out.

143

Wie eine Hausfrau sorgsam sich beeilt,
Ein Federvieh zu fahn, das ihr entronnen,
Den Säugling niedersetzt, und unverweilt
Dem Vogel nachläuft, den sie gern gewonnen:
Derweil mit Schrei'n ihr unberaten Kind
Sie aufzuhalten ringt, die emsiglich
Was vor ihr herläuft zu erhaschen sinnt,
Unachtsam, wie ihr Knäblein ängstet sich:
So läufst du hinter dem, was dir entweicht,
Und ich, dein Kind, dir nach in trübem Mut.
Allein blick um dich, wenn du's nun erreicht,
Üb Mutterpflichten, küsse mich, sei gut!
  So will ich bitten, daß dir's werd' erfüllt,
  Kommst du zurück, und wird mein Schrei'n gestillt.

Regis

144

Zwei Lieben hab ich, Lust und Todespein,
Die wie zwei Geister üben ihre Macht.
Der beßre ist ein Mann, in Schönheit rein,
Ein Weib der böse, dunkel wie die Nacht.
Das Unglücksweib bereitet mich zur eilgen
Verdammnis, drum entführt sie mir den guten;
Sie wandelt mir zum Teufel meinen Heilgen,
Sein Herz umbuhlend mit verruchten Gluten.
Ob er verwandelt, ob er rein geblieben,
Vermuten kann ichs, aber nicht bestimmen;
Doch weil die Zwei mich und einander lieben,
Wird Einer in des Andern Hölle glimmen.
  Allein mein Zweifel wird sich nimmer lösen,
  Bis einst mein Engel flieht, versengt vom Bösen.

Saenger

145

Those lips that Love's own hand did make
Breath'd forth the sound that said 'I hate'
To me that languish'd for her sake;
But when she saw my woeful state,
Straight in her heart did mercy come,   5
Chiding that tongue that ever sweet
Was us'd in giving gentle doom,
And taught it thus anew to greet:
'I hate' she alter'd with an end
That follow'd it as gentle day   10
Doth follow night, who like a fiend
From heaven to hell is flown away:
  'I hate' from hate away she threw,
  And sav'd my life, saying – 'not you'.

146

Poor soul, the centre of my sinful earth,
[My sinful earth] these rebel pow'rs that thee array,
Why dost thou pine within and suffer dearth,
Painting thy outward walls so costly gay?
Why so large cost, having so short a lease,   5
Dost thou upon thy fading mansion spend?
Shall worms, inheritors of this excess,
Eat up thy charge? Is this thy body's end?
Then, soul, live thou upon thy servant's loss,
And let that pine to aggravate thy store;   10
Buy terms divine in selling hours of dross;
Within be fed, without be rich no more:
  So shalt thou feed on Death, that feeds on men,
  And, Death once dead, there's no more dying then.

145

Die Lippe, die der Liebe Hand
Selbst schuf, stieß hauchend aus: ›ich hasse‹ –
Zu mir, der heiß für sie empfand.
Doch da sie sieht, wie ich erblasse,
Regt Mitleid ihr im Herzen sich;
Das schilt die Zunge, die mit süßen
Trostworten sonst beglückte mich,
Und sagt, sie solle anders grüßen.
›Ich hasse‹ – jetzt ein Schluß erscheint,
Der wie der Tag die Nacht besiegt,
Die fort, als wär's der böse Feind,
Vom Himmel in die Hölle fliegt.
  ›Ich hasse‹ – das galt nicht für mich:
  Mich rettend fuhr sie fort: ›nicht dich‹.

G. Wolff

146

Kern meines sündigen Staubes, arme Seele,
Des Staubs, dem Form gibt eine frevle Macht,
Was trägst du's, daß dich innen Hunger quäle,
Indes dein Äußres strahlt in heitrer Pracht?
Wozu der Aufwand, da du nur gemietet
Dein morsches Haus zu flüchtigem Verbleib?
Damit dein Schwelgen Fraß den Würmern bietet,
Wenn sie's beerben? Endet so dein Leib?
Drum, Seele, leb von deines Dieners Schaden,
Laß darben ihn zu deines Guts Gewinn;
Für Trödelstunden kauf dir Himmelsgnaden;
Werd' innen reich, wirf äußern Reichtum hin.
  Dann nährst du dich vom Tod, wie er vom Leben,
  Und stirbt der Tod, so kann's kein Grab mehr geben.

Fulda

147

My love is as a fever, longing still
For that which longer nurseth the disease;
Feeding on that which doth preserve the ill,
Th' uncertain sickly appetite to please.
My Reason, the physician to my Love,   5
Angry that his prescriptions are not kept,
Hath left me, and I desperate now approve
Desire is death, which physic did except.
Past cure I am, now reason is past care,
And frantic mad with evermore unrest;   10
My thoughts and my discourse as madmen's are,
At random from the truth, vainly express'd;
   For I have sworn thee fair, and thought thee bright,
   Who art as black as hell, as dark as night.

148

O me, what eyes hath love put in my head,
Which have no correspondence with true sight!
Or, if they have, where is my judgment fled,
That censures falsely what they see aright?
If that be fair whereon my false eyes dote,   5
What means the world to say it is not so?
If it be not, then love doth well denote
Love's eye is not so true as all men's: no,
How can it? O, how can love's eye be true,
That is so vex'd with watching and with tears?   10
No marvel then though I mistake my view:
The sun itself sees not till heaven clears.
   O cunning love! with tears thou keep'st me blind,
   Lest eyes well seeing thy foul faults should find.

147

Mein Lieben ist ein Fieber, es begehrt
Nur was die Krankheit fristet; all sein Sehnen
Geht auf den Zunder, der das Übel nährt,
Dem kranken, launenhaften Reiz zu frönen.
Vernunft, mein Liebesarzt, weil ich verschmäht,
Was er mir riet, hat mürrisch mich verlassen.
Und hoffnungslos erkenn ich nur zu spät
Die Mördertriebe, die den Zügel hassen.
Unheilbar bin ich, nun Vernunft zerstoben,
In ew'ger Unruh ein Besessener.
Gedank' und Urteil, wie im Wahnsinn toben
Blind um die Wahrheit irrend hin und her:
    Der ich dich schön gepriesen, hell gedacht,
    Die schwarz wie Höll' und finster wie die Nacht.

Regis

148

Weh! was für Augen gab mir Lieb' ins Haupt,
Frei aller Kundschaft mit dem wahren Sehn!
Wie? oder ward mir mein Verstand geraubt,
Der falsch beurteilt, was sie recht erspähn?
Ist schön, wofür im Wahn die Augen brennen,
Warum doch sagt die Welt: Es kann nicht sein –?
Ist's aber nicht, gibt Liebe zu erkennen,
Mehr wahr sei als der Lieb' Aug' aller Nein.
Wie kann's auch? Würd' ein Liebesauge klar,
An dem das Wachen so und Weinen zehrt?
Drum, irrt mein Sehn, so ist's nicht wunderbar;
Die Sonn' auch sieht nicht, bis die Luft sich klärt.
    Schlau läßt du, Lieb', in Tränen mich erblinden,
    Weil deine Fehl' hellsehnde Augen finden.

Lachmann

149

Canst thou, O cruel, say I love thee not,
When I against myself with thee partake?
Do I not think on thee when I forgot
Am of myself, all tyrant, for thy sake?
Who hateth thee that I do call my friend?   5
On whom frown'st thou that I do fawn upon?
Nay, if thou lour'st on me, do I not spend
Revenge upon myself with present moan?
What merit do I in myself respect
That is so proud thy service to despise,   10
When all my best doth worship thy defect,
Commanded by the motion of thine eyes?
  But, love, hate on, for now I know thy mind:
  Those that can see thou lov'st, and I am blind.

150

O, from what power hast thou this powerful might
With insufficiency my heart to sway?
To make me give the lie to my true sight,
And swear that brightness doth not grace the day?
Whence hast thou this becoming of things ill,   5
That in the very refuse of thy deeds
There is such strength and warrantise of skill
That in my mind thy worst all best exceeds?
Who taught thee how to make me love thee more,
The more I hear and see just cause of hate?   10
O, though I love what others do abhor,
With others thou shouldst not abhor my state:
  If thy unworthiness rais'd love in me,
  More worthy I to be belov'd of thee.

149

Grausame, leugnest du, daß ich dich liebe?
Verschwör ich nicht mit dir mich wider mich?
Vergeß ich nicht mich selber dir zuliebe
Und denk, o Erztyrannin, nur an dich?
Nenn ich wohl jemand Freund, wenn du ihm grollest?
Wo du die Stirne furchst, tu ich da schön?
Ja, wenn du wider mich die Augen rollest,
Straf ich mich selbst mit schleunigem Gestöhn.
Wann war ich je zu stolz, zum Dienst des Knechtes
Dir mein Verdienst und meine Kunst zu weihn?
Ach, all mein Bestes betet an dein Schlechtes,
Regiert von deinen Augen ganz allein.
    Doch hasse nur; ich weiß ja, liebes Kind,
    Du liebst die Sehenden, und ich bin blind.

                                   Gildemeister

150

O welche Macht gab dir die Machtgewalt,
Daß deine Schwäche so mein Herz regiert,
Und oft mein wahrhaft Aug' ich Lügner schalt,
Und schwur, nicht sei der Tag mit Licht geziert?
Wo kommt das Wohlanstehn des Bösen her,
Daß selbst im Auswurf deines Tuns sich zeigt
Der Trefflichkeiten Vollmacht und Gewähr,
Das Beste mir sich deinem Schlechtsten neigt?
Wer lehrte dich die Lieb' in mir erneun,
Wenn neu ich hör und sehe Grund zum Haß?
O, lieb ich gleich, wovor sich andre scheun, —
Mich scheun, wie's andre tun, die Härte laß.
    Je mehr dein Unwert Lieb' erweckt' in mir,
    Je werter ich, geliebt zu sein von dir.

                                     Lachmann

151

Love is too young to know what conscience is;
Yet who knows not conscience is born of love?
Then, gentle cheater, urge not my amiss,
Lest guilty of my faults thy sweet self prove.
For, thou betraying me, I do betray   5
My nobler part to my gross body's treason;
My soul doth tell my body that he may
Triumph in love; flesh stays no farther reason,
But rising at thy name, doth point out thee
As his triumphant prize. Proud of this pride,   10
He is contented thy poor drudge to be,
To stand in thy affairs, fall by thy side.
    No want of conscience hold it that I call
    Her 'love' for whose dear love I rise and fall.

152

In loving thee thou know'st I am forsworn,
But thou art twice forsworn, to me love swearing;
In act thy bed-vow broke, and new faith torn
In vowing new hate after new love bearing.
But why of two oaths' breach do I accuse thee,   5
When I break twenty? I am perjur'd most;
For all my vows are oaths but to misuse thee,
And all my honest faith in thee is lost:
For I have sworn deep oaths of thy deep kindness,
Oaths of thy love, thy truth, thy constancy;   10
And, to enlighten thee, gave eyes to blindness,
Or made them swear against the thing they see;
    For I have sworn thee fair – more perjur'd I,
    To swear against the truth so foul a lie!

151

Zu jung ist Liebe, kennt kein Selbstbesinnen,
Das doch, wie Jeder weiß, aus Liebe stammt.
Drum richte, holdeste der Schwindlerinnen,
Mich nicht zu streng, sonst wirst du mitverdammt.
Denn, wenn du mich verführst, verführe ich
Mein beßres Teil zu fleischlich schnödem Tun.
Die Seele sagt zum Leib, es biete sich
Ein Liebespreis, das läßt das Fleisch nicht ruhn,
Das, deinen Namen hörend, sich erhebt,
Dich als den Preis erringt und stolzgeschwellt
Nur als dein armer Sklave darnach strebt,
Daß es in deiner Sache steht und fällt.
   Wer ist, der für gewissenlos Den hält,
    Der Jene liebt, für die er steigt und fällt?

G. Wolff

152

Du weißt: dich liebend, brech ich meinen Eid;
Doch du brichst zwiefach deiner Liebe Schwur:
Den Eheschwur, dann den du mir geweiht –
Und schwörst nun Haß, auf neuer Liebe Spur!
Doch dich des Eidbruchs zeihn? – wo ist mein Recht?
Bin ich doch zwanzigfach falsch und verlogen!
Denn was ich sprach und schwur, alles war schlecht:
An dich hab ich geglaubt – und bin betrogen.
Für deine Treue hab ich mich verpfändet,
Für deine Güte, Milde, dein Verstehn.
Dich zu verklär'n, hab ich mich selbst geblendet;
Falsch war mein Aug, schwur ab, was es gesehn:
   Dich schwur ich rein! Wie konnt' ich mich betrügen,
    Der Wahrheit ins Gesicht so falsch zu lügen!

Flatter

153

Cupid laid by his brand and fell asleep.
A maid of Dian's this advantage found,
And his love-kindling fire did quickly steep
In a cold valley-fountain of that ground;
Which borrow'd from this holy fire of Love   5
A dateless lively heat, still to endure,
And grew a seething bath, which yet men prove
Against strange maladies a sovereign cure.
But at my mistress' eye Love's brand new-fir'd,
The boy for trial needs would touch my breast;   10
I, sick withal, the help of bath desir'd,
And thither hied, a sad distemper'd guest,
   But found no cure. The bath for my help lies
   Where Cupid got new fire – my mistress' eyes.

154

The little Love-god, lying once asleep,
Laid by his side his heart-inflaming brand,
Whilst many nymphs that vow'd chaste life to keep
Came tripping by; but in her maiden hand
The fairest votary took up that fire   5
Which many legions of true hearts had warm'd;
And so the general of hot desire
Was sleeping by a virgin hand disarm'd.
This brand she quenched in a cool well by,
Which from Love's fire took heat perpetual,   10
Growing a bath and healthful remedy
For men diseas'd; but I, my mistress' thrall,
   Came there for cure, and this by that I prove:
   Love's fire heats water, water cools not love.

153

Cupido warf die Fackel hin, und schlief;
Ein Mägdlein der Diana stahl den Fang,
Und taucht' der Liebe Feuerzunder tief
In einen kalten Quell, der dort entsprang.
Alsbald durchdrang vom heil'gen Brand die Wellen
Für alle Zeit lebendig rege Glut,
Und ward ein siedend Bad, in schlimmen Fällen
Der Menschen letzte Hülf' und höchstes Gut.
Doch – die an Liebchens Blick frisch angefachte Kerze
Hielt mir aufs Herz der Knabe zum Versuch;
Daß ich, erkrankend von dem heißen Schmerze,
Ein trüber Gast, mich nach dem Bade trug.
  Doch half mir's nicht: Die Bäder, die *mir* taugen,
  Sind Amors Feuerquellen, Liebchens Augen.

Regis

154

Der kleine Liebesgott lag einst und schlief,
Und neben ihm sein herzentglüh'nder Brand,
Als zu ihm eine Schar von Nymphen lief,
Die Keuschheit angelobt; mit keuscher Hand
Ergriff die schönste Schwester nun die Glut,
Die Legionen treuer Herzen traf:
So hat den Herrscher lustentbrannter Glut
Entwaffnet einer Jungfrau Hand im Schlaf.
Sie löscht' in naher Quelle nun den Brand,
Die Hitze von der Liebesglut annahm,
Ein Bad nun ward, worin Genesung fand
So mancher Kranke; doch als ich hinkam,
  Dort Heilung suchend, hab ich wohl gefühlt,
  Daß Flut, von Lieb' entbrannt, nicht Liebe kühlt.

Richter

Zur vorliegenden Ausgabe

Der englische Text basiert auf der Quarto-Ausgabe von 1609. Unter vergleichender Heranziehung der wichtigsten modernen Ausgaben wurde jedoch – wie dies aus Gründen der Lesbarkeit meist bei elisabethanischen Texten gehandhabt wird – die Schreibweise modernisiert sowie die Zeichensetzung vervollständigt, regularisiert und modernen Gepflogenheiten angepaßt. Darüber hinaus sind die allgemein akzeptierten Emendationen, deren Zahl verhältnismäßig gering ist, berücksichtigt. Besonders eigenwillige Textversionen sind nach Möglichkeit vermieden worden, da diese stets notwendigerweise eine Diskrepanz zwischen Text und Übersetzung bedingt hätten.

Die Auswahl der Versübersetzungen wurde durch ihren doppelten Zweck bestimmt: Die Übertragungen sollen in erster Linie zum Verständnis des Originals beitragen; daneben wollen sie auch als eine Anthologie von Beispielen aufgefaßt werden, welche die Leistungen, Möglichkeiten und Grenzen der deutschen Shakespeare-Übersetzung demonstriert. Diese beiden Ziele stehen zum Teil miteinander im Widerspruch. Das erste legt eine Beschränkung auf sehr wenige, vorzügliche Übersetzer nahe, die eine optimale Nähe zum Original erreichen; das zweite impliziert eine möglichst breite Streuung der Auswahl. Hier ist versucht worden, die gegensätzlichen Anforderungen, so weit wie möglich, in Einklang zu bringen. Letzten Endes den Vorrang hatte dabei – wie es dem Wesen der Übersetzung entspricht – der Gesichtspunkt der Originalnähe. Dies führte etwa dazu, daß einzelne Übersetzer, wie beispielsweise Bodenstedt oder Karl Kraus, die zweifelsohne zu den bekanntesten gehören, dennoch bei der Auswahl nicht berücksichtigt werden konnten, da ihre deutschen Versionen sich übermäßig und unnötig weit vom englischen Urbild entfernen. Ähnliches gilt für die modernen Übertragungen von Paul Celan.

Als Übersetzungstexte sind die ursprünglichen Fassungen im ganzen unverändert übernommen. Lediglich bei den älteren Arbeiten wurde die Schreibung unter Beibehaltung des Lautstandes modernisiert. Die Anrede »du« ist, ebenso wie das zugehörige Possessivpronomen, im Satz- bzw. Zeileninnern durchgehend klein geschrieben; alle Übersetzungen sind – ohne Berücksichtigung der Absätze oder eingerückten Zeilen des ursprünglichen Drucks – im gleichen Zeilenspiegel, und zwar dem des originalen Quarto-Textes, gesetzt. Abgesehen davon wurde keine systematische Einheitlichkeit angestrebt. Die Interpunktion ist nur bei ganz eklatanten Abweichungen von der heutigen Praxis verändert worden.

Von Gildemeister und Regis standen neuere, bereits modernisierte Ausgaben zur Verfügung, auf die zurückgegriffen wurde. Da bei George die Besonderheit der Schreibweise und Zeichensetzung nicht zeitbedingt, sondern vom Übersetzer als Ausdrucksmittel intendiert ist, mußte sie ohne Veränderungen beibehalten werden. Im Falle von Saenger und Flatter wurde jeweils die zweite, vom Übersetzer selbst überarbeitete Fassung zugrunde gelegt (bei Flatter stammen jedoch einige Zeilen, wie in den Anmerkungen vermerkt, aus der Erstfassung, da sie dem Original näher kommen als die später vorgenommenen, meist leichten Veränderungen).

Die Anmerkungen sind für den deutschen Leser mit fortgeschrittenen Kenntnissen des heutigen Englisch (etwa dem Stand der Kolleg- bzw. Oberstufe des Gymnasiums entsprechend) bestimmt. Spezielle Vorkenntnisse, wie die Vertrautheit mit früheren englischen Sprachstufen oder die Kenntnis literaturgeschichtlicher Zusammenhänge, werden nicht vorausgesetzt. Die Anmerkungen wollen dem Leser vor allen Dingen helfen, den Text von Shakespeares Sonetten zu verstehen. Sie fußen dabei auf der jeweiligen Übersetzung; originale Wortbedeutungen und Konstruktionen, die aus dem deutschen Paralleltext schon hinreichend klar hervorgehen, werden nicht eigens erläutert. Wiederkehrende Eigentümlichkeiten des elisabethanischen Englisch (wie z. B. *still* – ›immer‹ oder *his* = ›its‹) sowie die Auswirkungen von grundsätzlichen Übersetzungsproblemen werden nur bei den Sonetten zu Anfang der Sequenz kommentiert, später jedoch in der Regel nicht mehr. Textvarianten sind bloß dann erörtert, wenn sie strittig und sinnentscheidend sind.

Es versteht sich, daß für die Anmerkungen die vorhandenen kommentierten Ausgaben, insbesondere der umfangreichste und beste der neueren Kommentare, von Ingram/Redpath, benutzt wurden. Doch es fehlte der Raum, im einzelnen Abhängigkeiten anzuerkennen, Abweichungen zu diskutieren oder wissenschaftliche Leistungen zu würdigen. Im übrigen hätte darunter vielleicht auch die Benutzbarkeit der Ausgabe, auf die es vor allem ankam, gelitten. Der an diesen Fragen interessierte Leser sei auf die Bibliographie verwiesen.

160

Anmerkungen

(Die Ziffern beziehen sich auf die Zeilen.)

Sonett 1

3 Die Übersetzung führt in »Verheerung« wegen des Reims zusätzlich zu dem beherrschenden Blumen-Bild ein Kriegs-Bild ein, das jedoch nicht im Widerspruch zu der Metaphorik der *Sonette* steht.

5 *contracted* bedeutet außer »beschränkt« auch vor allem ›verlobt‹.

6 *self-substantial fuel* – ›aus der eigenen Substanz bestehender (und damit selbstzerstörerischer) Brennstoff‹; das zugrundeliegende Bild ist wohl das der Kerze; »Schwefel« ist reimbedingt.

7 *famine* – ›Hungersnot‹; das Bild von *Feed'st* (Z. 6) wird fortgesetzt.

11 *content* – Doppelsinn: a) ›Inhalt‹, b) ›(Selbst-)Zufriedenheit‹; »Blume« ist reimbedingt.

12 Paradoxon: Geiz kommt in diesem Fall Verschwendung gleich.

13 *this glutton* – Fortsetzung der Eß-Metaphorik von Z. 6 f.; ›ein solcher Vielfraß‹.

14 Die Schönheit des Freundes gehört der Welt *(the world's due)*; durch seine egozentrische Haltung nimmt er sie allein für sich und damit für das Grab.

Sonett 2

1 *forty winters* – metonymisch für eine große Anzahl Jahre, hier als Feinde in einem Belagerungs-Bild gesehen.

4 *weed* – ›Kleid, Pilgerkleid‹.

5 ff. Die Schönheit wird als Schatz gesehen, der mit den Schatzkisten (den eingesunkenen Augen) unwiederbringlich dahin ist.

9 *use* – elis. nicht nur ›Gebrauch‹, sondern auch ›Geldanlage für Zinsen‹ (vgl. Son. 4, Z. 14 und Son. 6, Z. 5); leitet hier ein Abrechnungs-Bild ein.

11 *old* – Substantiv: ›Alter‹.

Sonett 3

3 *repair* – ›Zustand‹; die Übersetzung versucht hier das Problem der größeren Länge des Deutschen durch bewußte Auslassung von originalen Aussageelementen zu lösen.

14 *image* hat (wie »Bild«) verschiedene, überlagerte Bedeutungen:

a) ›Erscheinungsbild‹, b) ›Denkmal‹ (in der Übersetzung vor-
gezogen), c) ›Spiegelbild‹ (vgl. Anfangszeile), d) ›Abbild‹
(d. h. dein Kind, das du zeugen könntest).

Sonett 4

1 *Unthrifty* – ›schlecht wirtschaftend‹ (vgl. Son. 2, Z. 8:
thriftless); das Sonett ist eine Ausweitung des bereits in Son. 2
eingeführten Gedankens, daß die Schönheit nur ein von der
Natur geliehenes Gut darstellt, das der Besitzer klug zu ver-
walten und über das er später Rechenschaft abzulegen hat,
entsprechend dem biblischen Gleichnis von den Verwaltern
der Talente.

4 *free* – ›freigebig‹.

7 *Profitless usurer* – ›profitloser Geldverleiher/Wucherer‹; Para-
doxon, in der Übersetzung aus Raummangel ausgefallen.

13 f. *unus'd* – ›nicht investiert‹; *used* – ›investiert‹.

Sonett 5

1 *frame* – ›machen, gestalten‹.

4 *unfair* – ›etw. seiner Schönheit berauben‹; die personifizier-
ten Stunden sind einmal schöpferische Künstler (Z. 1 f.) und
dann zerstörerische Tyrannen (Z. 3 f.).

10 *pent* – ›festgehalten‹; muß in der Übersetzung aus Platz-
mangel entfallen.

11 *effect* – ›Wirkung, Ergebnis, Frucht‹.

Sonett 6

1 *ragged* – ›rauh, rauh machend‹.

2 *distill'd* – Mit dem Bild der Destillation schließt dieses
Sonett an das vorhergehende an; zugleich wird ab Z. 5 die
Metaphorik von Son. 4 wieder aufgenommen.

3 *vial* – Der Phiole, die mit dem Blumen-Destillat gefüllt wer-
den soll, entspricht der Schoß einer Mutter, in dem die Schön-
heit des Adressaten erhalten bleiben kann.
  treasure – Verb; leitet zu der ökonomischen Metaphorik des
  zweiten Quartetts über.

5 f. *use ... usury* – Geldverleih gegen Zinsen wurde in der
Tudorzeit nach dem Verbot im Mittelalter zum ersten Mal
gestattet; der Sinn des Bildes ist wohl: der Freund muß als
Wucherer verstanden werden, doch sein Handeln ist legitim,
denn die Frau zahlt gern den Zins (d. h. bringt Kinder zur
Welt) für das Darlehn (= die Zeugung).

Sonett 7

1 *light* – (wie »Licht«) prägnant: ›Himmelslicht, Sonne‹; die
personifizierte Sonne wird, entsprechend den Hauptstadien
ihres Tageslaufs, in den drei Quartetten mit verschiedenen
Bildern dargestellt: im 1. Quartett erscheint sie als junger
Herrscher, im 2. als Gott oder Götterbild, im 3. als müder
Fahrer nach langer Fahrt.

2 *under* – Doppelsinn: a) »irdisch«, b) ›untergeben‹.

13 *out-going* – ›überdauernd‹.

Sonett 8

1 *Music to hear* – Anrede, in der Übersetzung verkürzt; der
vollständige Sinn ist: ›du, den zu hören, Musik bedeutet‹ –
das Gedicht ist ein Gelegenheitsgedicht, das den Anlaß eines
Musikvorspiels voraussetzt.

8 *parts* – Doppelsinn: a) ›musikalische Stimmen‹, b) ›Rollen‹
(d. h. als Ehemann und Vater); die Einheit der Familie wird
bildlich mit der Harmonie in der Musik gleichgesetzt.

9 *Mark how one string* – Die Aufmerksamkeit konzentriert sich
auf die Bedeutung *einer* Saite in dem Zusammenspiel (deren
Rolle ist kennzeichnenderweise als *husband* wiedergegeben);
dieser Aspekt entfällt in der Übersetzung.

Sonett 9

5 *still* – ›immer‹ (gängige Bedeutung bei Sh. und in frühen
Texten).

10 *his* – ›its‹ (geläufig im elis. Englisch).

12 *unus'd* – ›nicht investiert‹ (vgl. Son. 4 und 6); das Parado-
xon *unus'd ... user* soll dem Freund den Widersinn einer
solchen Handlungsweise deutlich machen; denn das Prinzip
der Erhaltung des Kapitals, das im ökonomischen Bereich
gültig ist, hat bei der Schönheit keine Geltung.

Sonett 10

9 ›O ändre deinen Sinn, damit ich meine Meinung (über dich)
ändern kann!‹ – Die zurückhaltend-sachliche Argumentation,
welche die Gruppe der ›Prokreationssonette‹ kennzeichnet,
wird dadurch deutlich, daß hier zum ersten Mal in den
Sonetten das Wort *I* vorkommt.

Sonett 11

2 *departest* – ›von dir gibst‹.

3 *bestow'st* – ›bestow‹ heißt allgemein ›geben‹, aber auch speziell ›(Geld) anlegen‹.

8 *year* – oft bei Sh. Plural (Rest der Pluralbildung im Altenglischen).

9 *for store* – ›zur Vermehrung‹ (Terminus aus der Viehzucht).

11 im Original statt »dich« Verallgemeinerung.

12 *bounteous, bounty* – ›freigebig, Freigebigkeit‹.

Sonett 12

1–4 Die Meditation des Dichters wird durch jeweils wachsende Zeit-Einheiten ausgelöst – Stunden (Z. 1), Tageszeit (Z. 2), Jahreszeit (Z. 3), Lebenszeit (Z. 4).

10 *among the wastes of time* – ›unter den von der Zeit vernichteten Dingen‹.

14 *breed* – ›Nachkommenschaft‹; in der Übersetzung wird das Bild, wohl aus versökonomischen Gründen, vom animalischen auf den pflanzlichen Bereich verschoben;
brave – ›trotzen‹.

Sonett 13

1 *you* – Diese Anrede erscheint hier zum ersten Mal in den Sonetten.

5 *lease* – ›Pacht‹; das Bild des 2. Quartettes, in dem die stattliche Erscheinung des Freundes (wie in Son. 10) als ein Haus gesehen wird, wird hier schon vorbereitet.

10 *husbandry* – ›gute Wirtschaft‹.

12 *eternal cold* – ›ewige Kälte‹ (reimbedingte Abweichung in der Übersetzung).

Sonett 14

2 *astronomy* – ›Astrologie‹.

5 ›Und ich kann auch nicht das Schicksal bis auf kurze Minuten voraussagen‹.

6 *Pointing to each his* – ›indem ich jeder (Minute) ihre ... zuweise‹ (dieser Sinn ist wahrscheinlicher als die Übersetzung zu *his* vgl. Son. 9, Z. 10).

10 *constant stars* – Die Darstellung der Augen der Geliebten als Sterne, die das Schicksal bestimmen, ist ein gängiges petrarkistisches *conceit*.

12 *store* – hier wohl Spezialterminus: ›Zucht, Vermehrung‹ (vgl. Son. 11, Z. 9).

13 *prognosticate* – ›vorhersagen‹.

Sonett 15

3 f. In diesem Bild wird die Welt, die unter dem Einfluß der Sterne steht, mit einem elis. Theater und seinem (gegenüber einem modernen viel aktiver am Spielgeschehen teilnehmenden) Publikum gleichgesetzt.

6 *Cheered … check'd* – Beide Ausdrücke beziehen sich sowohl auf den Pflanzen-Vergleich als auch auf die vorhergehende Theater-Metapher.

9 *conceit* – ›Gedanke, Vorstellung‹.

11 *debateth* – ›diskutiert‹ (in dem Sinn der Übers.).

Sonett 16

1 f. Der Anfang schließt offensichtlich an das *couplet* des vorhergehenden Sonetts an.

6 *maiden* – Adj.

9 *lines of life* – mehrere Bedeutungen überlagert: a) Kinder (genealogische ›Linien‹), b) Porträtlinien, c) Zeilen – Bedeutung b) und c) als Antithese zu den im folgenden genannten, nicht lebenden Kunstwerken.

10 *pencil* – elis. ›Pinsel‹; *pupil* – Adj.: ›Lehrlings-‹.

11 *fair* – ›Schönheit‹.

13 *still* – ›immer‹.

Sonett 17

3 *tomb* – ›Grab‹ (die reimbedingte Abweichung der Übersetzung macht das Bild etwas undeutlich).

10 *old men …* – ›alte Männer von weniger Wahrhaftigkeit als Zunge(nfertigkeit)‹.

Sonett 18

2 *temperate* – ›ausgeglichen‹.

4 *lease* – ›Pacht(zeit)‹.

6 *complexion* – ›Teint‹ (Personifizierung); die Natur wird in diesem Sonett, zum Zeichen ihrer Unvollkommenheit, mit menschlichen Attributen ausgestattet *(darling; lease; eye; complexion)*, während dem Freund (überhöhte) Eigenschaften der Natur zuerkannt werden *(thy eternal summer; to time thou grow'st)*.

12 Anderer möglicher Sinn: ›Wenn du in ewigen Verszeilen mit der Zeit zusammenwächst (d. h. eins mit der Zeit wirst)‹.

Sonett 19

4 *long-liv'd phoenix* – Von dem sagenhaften Vogel Phönix wurde berichtet, er lebe fünf- bis sechshundert Jahre und verbrenne sich dann selbst – um verjüngt wieder aus der Asche aufzuerstehen;
in her blood – ›lebendig‹.

9 ff. *carve* – ›schneiden, schnitzen‹; die Zeit wird in diesem Quartett als ein dilettantischer Künstler (Bildhauer, Graphiker) gesehen, der aufgefordert wird, den Freund als ein ›Muster der Schönheit‹ (*beauty's pattern*) für die Nachwelt unversehrt zu erhalten; in der Übersetzung wird dieses Bild undeutlich.

Sonett 20

2 *master-mistress* – Das Sonett ist eine Art Programmgedicht, in dem Sh. die Konstruktion des Hauptteils der Sequenz erläutert und einen ironischen Kommentar zur hermaphroditischen Gestalt des Freundes abgibt.

8 *Which* – andere Bedeutungsmöglichkeit neben Übers.: auf *hue* bezogen (elis. sowohl für Personen wie Sachen).

13 *prick'd* – ›zeichnete aus, wählte aus‹; obszöner Nebensinn (›prick‹ – ›Penis‹) im Einklang mit *one thing* (Z. 12) und *love's use* (Z. 14).

Sonett 21

1 *Muse* – metonymisch = ›Dichter‹ (daher Z. 2 und 4 *his*); ein solcher Anti-Petrarkismus, die realistische Zurückweisung der traditionellen petrarkistischen *conceits*, ist in der elisabethanischen Dichtung selbst schon traditionell geworden (vgl. auch Son. 130).

4 *rehearse* – ›hersagen, aufsagen, wiederholen‹.

14 anderes Verständnis der Zeile: ›Ich will nicht preisen, um dieses Ziel nicht käuflich (und damit minderwertig) zu machen.‹

Sonett 22

4 *expiate* – ›sühnen‹; hier Sinn nicht ganz klar, etwa in der Bedeutung von ›beenden‹.

12 *faring ill* – ›Schaden nehmen‹ (Übersetzung reimbedingt abweichend).

13 *Presume not on* – ›poche nicht auf‹.

Sonett 23

5 *for fear of trust* – ›aus Zweifel an meiner Verläßlichkeit‹.

7 *strength ... decay* – ›Kraft ... verfallen‹: Die beiden Hälften des 2. Quartetts nehmen auf die entsprechenden des 1. Quartetts Bezug: 5,6 – 1,2; 7,8 – 3,4.

9 *books* – Der Quarto-Text hat *books,* bei den meisten modernen Herausgebern steht *looks* – beides gibt Sinn.

11 *plead* – ›plädieren‹ (vgl. Z. 9 *eloquence*).

14 *wit* – ›Witz, Geist, Erkenntnisfähigkeit‹.

Sonett 24

1 *stell'd* – a) ›gesetzt, gestellt‹, b) ›gemalt, porträtiert‹ – Q hat hier, im Gegensatz zu den meisten modernen Herausgebern, *steel'd* (›eingraviert‹).

2 *table* – ›(Bild-)Tafel‹.

4 *perspective* – Adj., mehrere Bedeutungen überlagert: der allgemeine Sinn bezieht sich auf die Fähigkeit des Malers, auf der Fläche den plastischen Eindruck räumlicher Tiefe hervorzurufen; im speziellen wird auf zeitgenössische Trickbilder angespielt, die ihre volle Wirkung nur entfalten, wenn man sie a) von einem bestimmten Punkt oder b) durch eine bestimmte Durchblicköffnung sieht – besonders die letzte Bedeutung scheint hier wichtig (vgl. Z. 5).

7 *shop* – ›Atelier‹; Wechsel des Bildes gegenüber dem 1. Quartett, wo der ›Körper‹ der ›Rahmen‹ war (Z. 3).

8 Die Augen des andern sind die Atelierfenster.

Sonett 25

4 *Unlook'd for* – a) ›unbeachtet‹, b) ›wider meine Erwartung‹.

6 *But* – ›nur‹;
marigold – die ›Ringelblume‹ schließt sich im Dunkeln und öffnet sich wieder bei Tagesanbruch; in der elis. Dichtung wird dieses Phänomen häufig aufgegriffen.

9 *painful* – ›Mühen auf sich nehmend‹;
fight – Q-Text *(worth)* hier korrupt, andere moderne Herausgeber: *might.*

14 *remove ... remov'd* – transitiv: ›entfernen‹; die Antithese von Aktiv und Passiv wird in der Übersetzung kaum deutlich.

Sonett 26

7 *good conceit* – a) ›gute Meinung‹ (von mir), b) ›guter Ge-
danke‹ (der meine mangelnde Kunst ausgleicht) – die Über-
setzung gibt diesen Doppelsinn wieder.
8 *all naked* – bezieht sich (anders als die Übersetzung es nahe-
legt) auf *it* (= *Duty*);
bestow – ›beherbergen‹.
10 *aspect* – astrolog. Terminus (vgl. Übersetzung).
14 *prove* – ›auf die Probe stellen‹.

Sonett 27

6 *Intend* – ›unternehmen‹ (Reise etc.).

Sonett 28

1 *return* – die gleiche Reisesituation wie in Son. 27.
10 *dost him grace* – ›verleihst ihm Anmut‹.
12 *twire* – ›gucken, blinzeln‹; *even* = ›evening‹.

Sonett 29

7 *scope* – ›Wirkungskreis, Möglichkeiten‹.
10 *Haply* – ›zufällig‹;
state – Begriff von Z. 2 wird wieder aufgenommen und posi-
tiv umgewertet.

Sonett 30

1 f. *sessions . . . summon up* – juristisches Bild.
4 *my dear time's waste* – ›Verlust meiner teuren Zeit‹ (d. h.
entweder ›der Zeit allgemein‹ oder speziell ›meines besten
Lebensalters‹).
7 f. *cancell'd . . . expense* – Bildersprache aus dem ökonomi-
schen Bereich durchzieht das ganze Sonett.

Sonett 31

3 *all love's loving parts* – ›alle liebenden Anteile der Liebe‹;
parts hat verschiedene Bedeutungen, die hier zusammenfließen:
›Anteile‹ (vgl. Z. 11), ›Rollen, Eigenschaften, Vorzüge‹.
4 Das Original ist, im Gegensatz zu der abstrakten Version im
Deutschen, konkret: der Freund verkörpert für den Dichter
alle Freunde, die er früher hatte und für begraben hielt.
6 *religious* – ›fromm, gewissenhaft‹.
8 *But* – ›nur‹.
14 ›Und du, der du sie alle / ganz verkörperst, hast all das Ganze

168

von mir (d. h.: hast mich ganz und gar)‹ – hier wird die Blickrichtung umgekehrt und die Liebe des Dichters vom Standpunkt des Freundes aus gesehen.

Sonett 32

1 *my well-contented day* – ›der Tag meines Todes, mit dem ich ganz zufrieden bin‹.

2 *that churl Death* . . . – ›jener Grobian Tod‹; der Tod ist hier als ein grober, gemeiner Totengräber personifiziert.

6 ›Und wenn sie (diese armen rohen Zeilen) auch von jeder Feder (d. h. jedem dann lebenden Dichter) übertroffen werden, . . .‹

7 *Reserve* – ›bewahre‹.

12 *equipage* – ›Ausstattung, Uniform‹.

Sonett 33

2 *Flatter* – ›ein Kompliment, (falsche) Hoffnung machen‹; die (Morgen-)Sonne wird hier im Bilde eines Herrschers dargestellt, in Z. 4 dann als großer Alchimist und im 2. Quartett mit göttlichen Epitheta *(celestial)*; im 3. Quartett wird darauf der Freund nach dem alten petrarkistischen *conceit* als Sonne gesehen, die Entfremdung zwischen Dichter und Freund entspricht der Verdunkelung der Sonne durch Gewölk.

6 *rack* – ›Gewölk‹.

12 *region* – Adj. ›der Luft‹; als Substantiv bezeichnet das Wort eine Schicht der Luft, Sh. benutzt es gelegentlich synonym für ›(hohe) Luft‹.

Sonett 34

4 *bravery* – ›Glanz‹ (bildlich: der Sonne; eigentlich: der Freundschaft); die zum Schluß von Son. 32 entwickelte Vorstellung wird hier fortgeführt.

8 *disgrace* – ›Entstellung‹.

Sonett 35

6 ›Indem ich dein Vergehen durch Vergleiche (vgl. Z. 2–4) noch rechtfertige‹.

7 ›Indem ich mich selbst infiziere, da ich deinen Fehler heilen will‹.

11 *lawful plea* – ›Rechtsprozeß‹, evtl. Nebensinn: ›gerechter Prozeß‹.

Sonett 36

5 *respect* – ›Gesichtspunkt, Bezug, Beweggrund‹.

6 *separable spite* – ›trennender Schicksalsschlag‹.

7 *sole effect* – ›einzigartiges / alleiniges (d. h. immer gleichbleibendes) Wirken‹.

9 *not evermore* = ›never more‹.

11 Die Negation kommt in der Übersetzung nur indirekt zum Ausdruck.

Sonett 37

3 *made lame* – kaum buchstäblich zu verstehen (wie viele ›biographische Detektive‹ gemeint haben), sondern metaphorisch.

7 *Entitled in thy parts* – ›mit rechtmäßigem Titel unter deinen Eigenschaften‹.

8 *make . . . engrafted to* – ›pfropfe . . . auf‹.

11 *suffic'd* – ›zufriedengestellt‹.

Sonett 38

1 *invent* – nach der klassischen Rhetorik ist die *inventio,* die Stoffindung, der erste Schritt im Prozeß der rednerischen und literarischen Äußerung (vgl. auch Son. 79, Z. 7).

3 *argument* – ›Thema, Gegenstand‹.

4 *rehearse* – ›wiedergeben‹ (vgl. Son. 21, Z. 4).

13 *curious* – ›kritisch, anspruchsvoll, verfeinert‹.

Sonett 39

10 ›Wenn nicht deine bittere Muße süße Erlaubnis gäbe . . .‹ (die oxymoronische Formulierung muß in der Übersetzung aus Platzmangel entfallen).

13 f. Die Liebe lehrt, aus einer Person zwei zu machen, da sie den in Wirklichkeit abwesenden Freund zugleich anwesend (in der Phantasie des Dichters) sein läßt.

Sonett 40

3 *true love* – die Mehrdeutigkeit, die das ganze Sonett bestimmt, tritt hier besonders zutage: a) ›treue / echte / ehrenhafte Liebe‹, b) ›Geliebte‹.

5 *for my love* – a) ›mir zuliebe‹ (d. h. weil du alles, was mir gehört, lieben willst), b) ›anstelle meiner Liebe (zu dir)‹.

14 *spites* – ›Boshaftigkeiten‹ (d. h. speziell den sexuellen Umgang mit der Geliebten des Dichters).

Sonett 41

1 *liberty* – ›Freiheit‹ im Sinne von ›Ausschweifung‹.

3 *befits* – alter Plural der 3. Person.

4 *still* – ›immer‹.

9 *my seat* – ›den mir zustehenden Platz‹.

Sonett 42

3 *of my wailing chief* – ›der Hauptgrund meines Klagens‹.

8 *approve* – a) ›auf die Probe stellen‹, b) ›billigen, für gut befinden‹.

Sonett 43

4 *bright in dark directed* – ›hell im Dunkeln ausgerichtet‹; das Ziel, auf das hin die Augen gerichtet sind, ist wohl nicht das Dunkel bzw. die »Nacht« (Übers.), sondern der Freund.

6 *thy shadow's form* – ›die wirkliche Form, die deinem Schatten gehört‹, d. h.: du selbst.

11 *imperfect* – ›unvollkommen‹ (obwohl schön), da dem Schatten bzw. dem Traumbild die Realität fehlt.

Sonett 44

4 »Lauf«, in der Übersetzung reimbedingt, paßt nicht ganz in die Vorstellung des körperlosen Gedankens.

11 *earth and water* – Nach dem elisabethanischen Weltbild galten von den vier Elementen Erde und Wasser, in der Rangordnung die niedrigsten, als schwer, Luft und Feuer als leicht (vgl. Son. 45); der Dichter besteht vor allem aus Erde und Wasser, d. h. Schwermut und Tränen. Der Ausdruck nimmt Bezug auf *sea and land* (Z. 7) und bringt so den Kontrast von Körperlichkeit und Denken zur Geltung: während der Gedanke sich über die niedrigen Elemente erheben kann (Oktett), ist der Körper ihnen verhaftet (Sextett).

12 *time's leisure* – Die Zeit ist personifiziert als Machthaber dargestellt; der Dichter ist von diesem abhängig und muß unter Stöhnen warten, bis es diesem beliebt, ihn wieder mit dem Freund zu vereinigen.

14 *either's* – ›beider‹, d. h. der Erde und des Wassers.

Sonett 45

1 *slight* – ›leicht, körperlos‹; *purging* – ›reinigend, läuternd‹.

1–4 Die Übersetzung ist der Erstausgabe von 1934 entnommen.

9 *life's composition* – ›die Zusammensetzung des Lebens‹, d. h.

die menschliche Zusammensetzung aus vier Elementen, die allein das Leben möglich macht.

Sonett 46

6 *closet* = ›Schrank, kleine Kammer‹.

9 *'cide* = ›decide‹, eine Konjektur von Sewell, der sich die meisten modernen Herausgeber anschließen; Q hat *side* (›Partei ergreifen‹);
impanelled – ›in die Geschworenenliste eingetragen‹.

10 *quest* – ›Geschworenenausschuß‹; die »Gedanken« sind, da sie als ›Pächter‹ in Abhängigkeit vom Herzen stehen, zweifellos parteiisch.

Sonett 47

5 *feast* – Die Gastmahl-Metapher in Z. 6 wird hier schon eingeleitet; daß das Auge im Besitze des ›Bildes‹ ist, erweist dieses Sonett – neben der deutlich kontrastiven Anfangszeile – als eine Fortsetzung des vorhergehenden.

Sonett 48

9 *chest* – ›Kasten‹, evtl. Nebensinn, der erst zwei Zeilen später deutlich wird: ›Brust‹.

10 *where thou art not* ... – Vielleicht ist dies schon eine flüchtige Anspielung auf den möglichen Verlust des Freundes, der den Gegenstand des *couplet* bildet.

11 *closure* – ›Einschließung‹; das Wort kann die Assoziation von »Kerker« haben (vgl. *Rich. III*, III, 3, 11).

12 *part* = ›depart‹.

Sonett 49

3 *When as* = ›When‹;
... *cast his utmost sum* – ›... seine (bzw. ihre) letzte Summe gezogen ...‹ – das Bild bringt die Auflösung einer geschäftlichen Partnerschaft zum Ausdruck.

4 *audit* – ›Bilanz‹; *advis'd respects* – ›besonnene Überlegungen‹.

9 *ensconce* – ›schützen, befestigen‹ (›sconce‹ ist ein Befestigungsbollwerk).

9 ff. Der Sinn des dritten Quartetts ist paradox: der Dichter will sich gegen eine mögliche spätere Enttäuschung schützen, indem er von vornherein die Unsicherheit seiner Position deutlich macht.

10 *desert* – ›Wert‹, hier möglicherweise mit negativem Sinn: ›Unwert‹.

11 Die drei unterschiedlichen Auslegungen der Zeile verstehen die bildliche Rolle des Sprechers als: a) Zeugenaussage gegen sich selbst, b) Kampf gegen sich selbst, c) Kampf für sich selbst (*against* müßte dann die unwahrscheinliche Bedeutung ›vor‹ haben).

12 *on thy part* – ›auf deiner Seite‹.

Sonett 50

2 f. ›Wenn das, was ich suche – nämlich das Ende meiner ermüdenden Reise – jene Erleichterung und Ruhe nur lehrt, daß sie mir sagen, . . .‹

Sonett 51

1 *slow offence* – d. h. ›Vergehen der Langsamkeit‹.

11 in Q keine Satzzeichen innerhalb der Zeile; durch die Interpunktion der modernen Herausgeber erhält die Zeile unterschiedliche Bedeutungen: a) bloß *no dull flesh* wird als Parenthese verstanden (dann heißt *race* ›Rennen‹); b) der ganze Rest der Zeile, *no . . . race*, bildet die Parenthese (*race* heißt dann ›Rasse‹).

Sonett 52

5 *solemn . . . rare* – Aus Reimgründen wird die Reihenfolge der Adjektive in der Übersetzung umgekehrt.

8 *carcanet* – ›Halsschmuck, Halsgeschmeide‹.

13 *scope* – ›Gelegenheit‹ (vgl. Son. 29, Z. 7).

Sonett 53

1 *substance* ebenso wie im folgenden *shade* und *shadow* ein Ausdruck aus der Philosophie.

2 *strange* – ›fremd‹ (im doppelten Sinne).

4 ›Und du, nur einer, kannst jeden Schatten abgeben‹; d. h.: deine Substanz hat – im Gegensatz zu allen anderen, deren Substanz jeweils ein Schattenbild hervorruft (vgl. Platonisches Höhlengleichnis) – viele Erscheinungsbilder.

8 *tires* = ›attire‹ – ›Gewänder‹.

Sonett 54

5 *canker blooms* – ›Blüten der Heckenrose‹ (›canker rose‹, eigentl. ›Wurmrose‹, heißt die Wilde Rose).

6 *tincture* – ›Farbe‹.

8 *their masked buds discloses* – ›ihre maskierten Knospen öffnet‹; die Rosenknospen werden hier personifiziert als ausgelassene Teilnehmer an einem Ball gesehen, die der Sommer demaskiert.

10 *unwoo'd, and unrespected* – ›nicht umworben und unbeachtet‹.

12 Zu dem Gedanken vgl. Son. 5, Z. 9–14.

14 *vade* – ›vergehen‹.

Sonett 55

3 *in these contents* – ›in diesem Inhalt‹, d. h. in diesen Gedichten über dich.

4 *unswept stone* – ›ungefegter Stein‹, d. h. auf einem vernachlässigten Denkmal.

5 *wasteful* – ›zerstörerisch‹.

7 *quick* – ›heftig brennend‹ (als Attribut zu *fire*; Grundbedeutung: ›lebend‹).

13 *that* – entweder ›wenn‹ (= *when*) oder, weniger wahrscheinlich, ›daß‹ (= Inhalt des Urteilspruches beim Jüngsten Gericht).

Sonett 56

4 *his* – ›its‹; »bewußt« in der Übersetzung der Zeile ist ein reimbedingter Zusatz – der Appetit wird mit der Metapher des Messers dargestellt.

12 *Return of love* – Was damit in dem Bild gemeint ist, wird nicht ganz klar; da vom Ozean die Rede ist, bezieht sich der Ausdruck u. U. auf die ständige Wiederkehr der Flut: so wie die Flut regelmäßig wiederkehrt und zwei durch das Meer getrennte Liebende gleichsam miteinander verbindet und jeweils den einen an den fernen Geliebten erinnert, so soll auch die Liebe in ständiger Wiederkehr sich erneuern.

13 *Or* – Dies ist eine von den meisten modernen Herausgebern übernommene Konjektur, in Q steht *As*, Lachmann übersetzt eine andere Konjektur: *Ah!*

Sonett 57

11 *sad* – ›ernst, zuverlässig‹.

11 f. *think of nought / Save* – ›denke an nichts / als‹.

13 *in your will* – a) ›nach deinem Belieben‹, b) ›in deiner (sexuellen) Lust‹; ein Wortspiel mit *Will* (= William), das durch die Großschreibung in Q angedeutet wird, halten die

meisten modernen Herausgeber mit Recht allenfalls für se-
kundär wirksam.

Sonett 58

4 ›als Euer Untertan verpflichtet, auf Eure Muße zu warten‹.

7 *tame to sufferance* – ›zahm gegenüber dem Erleiden von
Schmerz‹;
bide each check – ›jede Zurechtweisung ertragen‹.

10 f. ›Daß Ihr selbst Eurer Zeit ein Privileg erteilen könnt, / wo-
für Ihr wollt . . .‹.

Sonett 59

1 ff. Sh. nimmt Bezug auf die pythagoreische und stoische Lehre
vom immer wiederkehrenden Weltenjahr.

3 *invention* – ›Stoffindung‹ (rhetorischer Terminus, vgl. Son. 38,
Z. 1).

7 »Lichte« – reimbedingter Zusatz der Übersetzung.

10 *composed* – ›ebenmäßig zusammengesetzt‹.

Sonett 60

5 *Nativity* – Abstraktum für den konkreten Begriff (neugebore-
nes Kind); *once* – ›(sobald) einmal‹.

7 *eclipses* – Das menschliche Leben wird analog zur täglichen
Bahn der Sonne gesehen.

9 *flourish* – a) ›Blüte‹, b) ›Ornament‹.

10 *parallels* – a) ›Belagerungsgräben‹ (vgl. das Kriegs-Bild in
Son. 2, Z. 1 f.), b) ›Breitengrade‹ (Bedeutung ist hier nicht
wirksam).

Sonett 61

8 *tenour* – ›Inhalt‹

9 Der im Original zwischen der Liebe des Dichters und des
Freundes gemachte Unterschied ist lediglich ein quantitativer.

Sonett 62

6 *no truth of such account* – ›Keine Echtheit (d. h. Vollkom-
menheit) / Treue von solcher Bedeutung‹.

7 f. von vielen Herausgebern als dunkel bezeichnet; das logische
Subjekt des Vorhergehenden ist *I*, obgleich *Methinks* (Z. 5)
grammatisch die 3. Person darstellt: ›Und für mich definiere
ich meinen eigenen Wert so, / daß ich alle anderen in allen
Werten übertreffe‹ (*As* = ›that‹; *other* – alter Plural).

10 *with tann'd antiquity* – ›vom gegerbten Alter‹ (die Wirkung wird auf die Wirkursache übertragen).

14 ›Indem ich mein Alter mit der Schönheit deiner Tage male‹; d. h. a) ›abbilde‹ und b) ›schminke‹.

Sonett 63

1 *Against* – ›Dagegen daß‹.

1 ff. Der Nebensatz, in dem der spätere Zustand des Freundes ausgemalt wird, geht bis zum Ende des zweiten Quartetts; sein Inhalt wird dann in Z. 9 mit einem leichten Bruch der grammatischen Konstruktion durch *For such a time* wieder aufgenommen.

2 *injurious* – ›(unrechtmäßig) zerstörerisch‹.

10 *confounding* – ›vernichtend‹.

11 *he* – Das Alter ist hier, wie vorher die Zeit, personifiziert (im Englischen maskulin).

Sonett 64

1 *fell* – a) ›grausam‹, b) ›zerstörend‹.

9 f. *state* – verschiedene Bedeutungen wechseln einander ab: a) ›Zustand‹, b) ›Staat, Souveränität‹, c) ›Status, Größe, Pracht‹; in Z. 9 herrscht a) vor, ›Wechsel des Zustandes‹ (d. h. von Wasser und Land), in Z. 10 dann aber c) sowie b).

Sonett 65

3 *this rage* – ›dieses Wüten‹; die von manchen Herausgebern bevorzugte Emendation *his*, für die sich auch die Übersetzung entscheidet, ist unnötig.

6 *the wrackful siege of battering days* – ›die zerstörerische Belagerung rammender Tage‹; das starke Belagerungs-Bild ist in der Übersetzung nicht wiedergegeben.

7 *rocks impregnable* – ›uneinnehmbare Felsen‹.

10 *Time's chest* – ›die (Schatz-)Kiste der Zeit‹; das Wort *chest* erweckt daneben auch die Assoziation des Sarges.

14 *my love* – nicht nur »den Freund« (Übersetzung), sondern auch ›meine Liebe (zu ihm)‹.

Sonett 66

2 ff. *Desert* – Wie in den folgenden Zeilen wird hier ein Abstraktum personifiziert.

4 *Faith* – neben »Glauben« auch ›Treue, Vertrauen‹.

6 *strumpeted* – ›zur Dirne (›strumpet‹) erklärt‹.

12 *captive ... captain* – Wortspiel.

Sonett 67

1 *with infection* – d. h. ›in verdorbener Umwelt‹.

4 *lace itself* – ›sich schmücken‹ (ursprünglich mit Litze).

7 *poor beauty* – entweder a) ›die bedauernswerte Schönheit‹
oder b) ›unvollkommene Schönheit‹; b) paßt besser in die
Argumentation.

9 *bankrupt* – ›bankrott‹; das ökonomische Bild durchzieht das
dritte Quartett sowie das *couplet*.

Sonett 68

1 *map* – ›Landkarte, Muster, Bild‹.

3 *fair* – ›Schönheit‹.

14 ›Um der falschen Kunst zu zeigen, was Schönheit einst war.‹

Sonett 69

3 *the voice of souls* – ›die Stimme der Seelen‹ – fehlt in der
auch sonst recht großzügigen Übersetzung.

4 ›Indem sie reine Wahrheit äußern, gerade so wie Feinde
loben.‹

6 *tongues* – steht metonymisch für die Besitzer der »Zungen«;
nur diese können ›sehen‹ (Z. 8).

14 *soil* – ›Lösung, Erklärung‹.

Sonett 70

5 *approve* = ›prove‹.

8 *prime* – ›Frühling, Lebensfrühling‹.

10 *not assail'd* – ›nicht bestürmt‹ (Kriegs-Bild, vgl. Son. 41, Z. 6).

Sonett 71

10 *compounded ... with* – ›zusammengebracht ... mit‹ (hier ist
die heute nicht mehr gängige Grundbedeutung gültig).

Sonett 72

2 ›Welcher Wert in mir lebte, den/daß du lieben solltest, ...‹

7 ›Und mehr Preis auf mich Toten hängen ...‹ – das Bild ist
das einer Grabehrung, etwa durch Ehrenfahnen.

9 f. *true ... false .../ ... untrue* – Dadurch, daß sich die Be-
griffe sowohl auf Treue als auch Wahrheit beziehen können,
entsteht ein Wortspiel, in dem der Dichter einen scheinbaren
Widerspruch konstruiert: durch seine treue Liebe kann der
Freund veranlaßt werden, etwas objektiv Unwahres über den

Toten zu sagen, und so kann die treue Liebe falsch (unwahr /
untreu) erscheinen.

Sonett 73

1 ff. *That time of year* . . . – Um sein eigenes Alter deutlich zu
machen – was nicht unbedingt biographisch zu verstehen ist –,
richtet der Dichter in den Hauptbildern der drei Quartette
jeweils seine Aufmerksamkeit auf die dem Zustand der ab-
soluten Leblosigkeit vorausgehende Phase; der gewählte Bild-
vorgang ist immer kürzer und dynamischer (Jahr, Tag, Feuer);
das eigentlich Gemeinte, der menschliche Tod, kommt jeweils
gegen Ende der einzelnen Quartette (als Metapher für die
Grundmetapher) immer eindeutiger und stärker zum Ausdruck
(Z. 4 nur angedeutet, Z. 8, Z. 11 f.).

3 *which shake against the cold* – ›welche gegen die Kälte
(d. h. als Folge der Kälte oder in Erwartung der Kälte)
zittern‹.

4 *Bare ruin'd choirs* – Die herbstkahlen Bäume werden meta-
phorisch mit den Ruinen von Chorräumen verlassener Kirchen
gleichgesetzt – in der elisabethanischen Zeit waren als Folge
der Reformation viele Klosterkirchen verlassen und dem Ver-
fall preisgegeben –, die Vögel entsprechen im Bild den Chor-
sängern.

8 *seals up* – ›versiegelt‹; die Metapher bezieht sich wohl auf das
Schließen des Sarges.

Sonett 74

3 ›Von meinem Leben ist in dieser Zeile (poet. Singular statt
Plural) eine Beteiligung (wirtschaftl. Terminus)‹.

6 ›Genau den Anteil, der dir geweiht war‹.

11 *coward* – Das Adjektiv gehört logisch zum Handelnden
(wretch) oder zu der Handlung, nicht aber zum Resultat der
Handlung *(conquest)*.

13 *that* – bezieht sich auf *body* (Z. 10) (der Inhalt des Körpers,
die Seele, ist im Gedicht erhalten).

Sonett 75

2 *sweet-season'd* – a) ›süß-gewürzt‹, b) ›zur süßen Jahreszeit
gehörig‹.

8 *better'd* – ›glücklicher und stolzer gemacht‹.

13 *pine* – ›hungern‹; die Eß-Metaphorik kehrt mehrfach im
Sonett wieder.

Sonett 76

2 *quick* – ›lebensvoll‹.

5 *still all one* – ›immer ganz eines‹.

6 *invention* – ›Stoffindung, Stoff‹ (rhet. Terminus, vgl. Son. 59, Z. 3).

10 *argument* – ›Gegenstand‹.

Sonett 77

1 ff. Das Sonett ist Begleitgedicht zu dem Geschenk eines Buches mit leeren Blättern für Aufzeichnungen; daß auch ein Spiegel und eine kleine Sonnenuhr zu dem Geschenk gehören, erscheint zweifelhaft (in Z. 1 und 2 steht – im Gegensatz zu *The* in Z. 3 – *Thy*).

10 ff. Der Vorgang des Schreibens und damit des geistigen Schaffens wird in dem traditionellen Bild der Geburt gesehen, doch ist dieses hier ausgeweitet.

Sonett 78

3 *hath got my use* – ›meine Gepflogenheit angenommen hat‹.

4 *under thee* – a) ›unter deinem Patronat‹, b) ›unter deiner Inspiration (als Muse)‹, c) ›in deinem Dienst‹.

7 ein Bild aus der Falknersprache.

Sonett 79

1 *call upon* – ›anrufen‹ (quasi-religiöse Metapher).

2 *had all thy gentle grace* – mehrere Bedeutungen überlagert: a) ›besaß all deine freundliche Gunst‹, b) ›hatte ganz die (auch) dir eigene edle Anmut‹, c) ›brachte all deine edle Anmut zum Ausdruck‹.

5 *thy lovely argument* – ›der Gegenstand deiner Lieblichkeit‹.

6 *travail* – ›Mühe‹.

7 *thy poet* – allgemein, d. h.: ›der Dichter, der über dich schreibt‹.

14 ›Da das, was er dir schuldig ist, du selbst bezahlst.‹

Sonett 80

8 *wilfully* – ›eigensinnig‹.

9 f. *Your shallowest help ...* – Der Freund entspricht in dem Bild dem Ozean, eine flache Stelle (= kleine Hilfe, geringes Entgegenkommen) genügt dem kleinen Boot (= Dichter selbst) schon, während das große Schiff (= Dichterrivale) die Tiefe (= den Freund ganz) braucht.

Sonett 81

4 *each part* – ›jede Eigenschaft‹.

11 ›Und zukünftige Zungen sollen dein Sein erwähnen‹.

13 *virtue* – ›Kraft‹.

13 f. ›Du sollst immer leben, solche Kraft hat meine Feder, wo Atem am meisten atmet, gerade im Mund der Menschen.‹ – Die Übersetzung formt das *couplet* recht souverän um.

Sonett 82

2 *attaint* – ›Makel, Schande‹.

5 *hue* – ›Gestalt‹.

8 *of the time-bettering days* – ›von den Zeit-verbessernden Tagen‹ (d. h. von den Tagen, die durch den Fortschritt der Zeit Verbesserungen in der Poesie gebracht haben) (vgl. Son. 32, Z. 5: »the bettering of the time«).

9 *devis'd* – ›ersonnen‹.

11 *truly sympathiz'd* – ›getreu wiedergegeben‹.

14 *in thee it is abus'd* – ›bei dir ist sie (die grobe Malerei) falsch angewandt‹.

Sonett 83

1 Die Anfangszeile der Übersetzung stammt aus der Ausgabe von 1934.

4 ›Das unfruchtbare Angebot von eines Dichters Schuld‹ (d. h. wodurch ein Dichter seine Verpflichtung einlösen kann).

6 ›Daß du selbst, wo du am Leben bist, gut zeigen möchtest . . .‹

7 *modern* – ›gewöhnlich‹.

8 *Speaking of worth* – ›Indem sie (die Feder) von Wert spricht‹.

Sonett 84

1 ff. Die Übersetzung hat, wie die meisten Originalausgaben, eine von dieser (und Q) abweichende Interpunktion; das Quartett ist aber ein zusammenhängender Gedanke, *Who* das einzige Fragepronomen; Sinn: ›Welchen überschwenglichen Lobredner gibt es, der mehr sagen könnte . . .‹

5 *penury . . . pen* – Wortspiel.

7 *he that* – ›wer‹.

14 Die Zeile kann unterschiedlich verstanden werden: a) durch die Eitelkeit des Freundes wirken die darauf ansprechenden Komplimente weniger echt und überzeugend, b) durch seine Eitelkeit beeinträchtigt der Freund das sonst verdiente Lob.

Sonett 85

1 *in manners* – ›in höflicher Zurückhaltung‹.

2 *compil'd* = ›composed‹ – ›verfaßt‹.

3 *Reserve their character* – Die Stelle ist ein wenig dunkel und hat zu verschiedenen (nicht unbedingt notwendigen) Konjekturen Anlaß gegeben; der elisabethanische Sinn ist etwa: ›bewahren ihre Schrift‹.

7 *affords* – ›bietet‹.

13 *respect* – ›beachte‹ (elis. Sinn).

14 *in effect* – ›in Wirklichkeit‹ (alter Sinn).

Sonett 86

3 *inhearse* – ›begraben‹.

4 *tomb . . . womb* – Wortspiel.

5 f. Version der Übersetzung von 1934.

6 *pitch* – ›Höhe‹.

10 *gulls* – ›vollstopft‹, aber vielleicht auch ›übertölpelt‹.

12 *from thence* – ›von dieser Seite‹.

13 *countenance* – nicht nur »Gunst«, ›Unterstützung‹, sondern auch ›Antlitz, Erscheinung‹, als Inhalt des Gedichts; *fill'd* – ›füllte‹; der Übersetzer übersetzt eine andere Lesart (in Q steht *fild*); doch ist ›file‹ in dieser Zusammensetzung ungebräuchlich.

Sonett 87

2 *estimate* – ›Wertschätzung‹ (das ökonomische Bild zieht sich durch die ersten beiden Quartette und wird im dritten in modifizierter Form fortgesetzt).

4 *bond* – ›Schuldverschreibung‹.

8 ›Und so kehrt mein Rechtsanspruch wieder (zu dir) zurück‹.

13 *flatter* – Der Traum wird als schmeichelnder Diener des im Bild der Folgezeile eingeführten Königs gesehen.

Sonett 88

1 *to set . . . light* – ›gering zu schätzen‹.

2 ›Und mein Verdienst dem Blick der (allgemeinen) Verachtung auszusetzen . . .‹

Sonett 89

2 ›Und ich will mich äußern zu jenem Vergehen . . .‹

3 *halt* – ›hinken‹.

8 *strangle* – ›erwürgen‹; die Metapher drückt den gewalttätigen
und im Grunde unehrenhaften Charakter einer solchen Hand-
lung aus, der durch den Gleichklang mit *strange* noch betont
wird.
11 *too much profane* – ›zu unehrerbietig‹.
12 *haply* – ›vielleicht‹.
14 *him whom* – engl. personal.

Sonett 90

4 ›Und stell dich nicht ein als ein Nach-Verlust (d. h. ein Ver-
lust, der nach dem andern Verlust kommt) . . .‹
10 *other petty griefs* – ›andere, kleine·Leiden‹.
13 *strains* – ›Arten‹.

Sonett 91

4 *horse* – alter Plural.
5 *humour* – ›Temperament, Veranlagung‹, eigentlich ›Körper-
saft‹; das Vorherrschen eines bestimmten der vier Körpersäfte
(›melancholy, phlegm, blood, choler‹) prägte nach mittelalter-
lich-elisabethanischer Vorstellung das Temperament eines Men-
schen;
adjunct – ›zugehörig‹.
7 *measure* – a) ›Richtmaß (an dem ich mich orientiere)‹,
b) ›Grenze‹.
13 f. *Wretched* – ›elend‹ (Z. 13: ›armselig‹; Z. 14: ›unglücklich‹).

Sonett 92

5 f. Der Dichter braucht nicht die völlige Abkehr des Freundes
zu fürchten, wenn schon eine geringe Unfreundlichkeit von
dessen Seite aus seinem Leben·ein Ende machen würde.
8 *humour* – hier, im Gegensatz zu Son. 91, »Laune«.
10 ›Da mein *Leben* von deiner Unbeständigkeit abhängt.‹

Sonett 93

7 *In many's looks* – ›in vieler Menschen Aussehen‹.
8 *strange* – ›unfreundlich‹.
10 *dwell* – Die Liebe soll das Gesicht des Freundes zur dauernden
Wohnung haben.

Sonett 94

3 ›Die andere bewegen und selbst (unbewegt) wie Stein sind . . .‹
9 ff. Das Thema des rechten Gebrauchs der von der Natur ver-

liehenen Gaben wird nun auf den pflanzlichen Bereich übertragen, wo (Z. 11 ff.) auch die negative Kehrseite, Entartung und Abfall von der natürlichen Vollkommenheit, durchgespielt werden kann.

13 Die Zeile bezieht sich offensichtlich sowohl auf die Blumen (*sweetest*) als auch auf die vorher im Oktett genannten Personen (*deeds*) und schafft so eine Verbindung zwischen den beiden angesprochenen Bereichen; sie weist so auf das eigentlich Gemeinte, die implizierte Mahnung an den Freund.

Sonett 95

8 ›Die Nennung deines Namens segnet einen bösen Bericht.‹

12 *turns* – Subjekt ist weiterhin *beauty's veil* (wenngleich auch der Plural bei Sh. ein -s haben könnte); der Übersetzung liegt jedoch wahrscheinlich die verbreitete, aber unnötige Konjektur *turn* zugrunde.

Sonett 96

10 *his looks translate* – ›sein Aussehen verwandeln‹.

12 *state* – a) ›Rang‹ (›Status‹), b) ›Pracht‹.

13 f. Das gleiche *couplet* steht am Schluß von Son. 36, was zu Theorien über den Zustand des Manuskripts und die Publikation durch Thorpe Anlaß gegeben hat. Die Zeilen können hier wie dort durchaus zu Recht stehen.

Sonett 97

5 *this time remov'd* – ›diese Zeit der Entfernung (von dir)‹; der Dichter kontrastiert hier und im folgenden die wirklichen Jahreszeiten, in die die Zeit der Trennung fiel (Sommer und früher Herbst), mit der – wie im ersten Quartett ausgeführt – in seiner Stimmung durch die Abwesenheit assoziierten Jahreszeit (Winter).

13 f. Das *couplet* bekräftigt, daß der (angenommene, nicht unbedingt biographische) Zeitpunkt der Abfassung des Sonetts der späte Herbst ist.

Sonett 98

2 *proud-pied* – ›prächtig-bunt‹; *trim* – ›Aufmachung‹.

7 Ein »Sommermärchen« ist von fröhlichem Charakter (im Gegensatz zum ›Wintermärchen‹, vgl. Sh.s Drama dieses Namens).

13 f. Die Schönheiten des Frühlings, die Blumen, waren für den Dichter nur ein Ersatz und Abglanz ihres Urbildes, der Schönheit des Freundes.

Sonett 99

Indem die Anfangszeile hinzukommt, wird die Form in diesem unregelmäßigen Sonett auf 15 Zeilen ausgeweitet.

1 *forward* – sowohl ›früh(blühend)‹ als auch »vorlaut«.

7 *buds of marjoram* – Die ›Majoranknospen‹ haben in erster Linie ihren Duft mit dem Haar des Freundes gemeinsam.

9 Die Rosen sind die personifizierte ›Scham‹ bzw. »Verzweiflung«.

11 ›Und zu diesem Raub hatte sie deinen (wohlduftenden) Atem hinzugefügt . . .‹

Sonett 100

7 f. Der Freund ist einerseits idealer Zuhörer *(the ear that . . .)*, andererseits auch ›Gegenstand‹ *(argument)* des Gedichts und inspiriert zugleich die Darstellungsweise *(skill)*, da es bei einem solchen Gegenstand keine Darstellungsprobleme geben kann und das Gedicht sich gleichsam von selbst trägt (vgl. Son. 84).

11 *satire* – wird im allgemeinen, entsprechend elis. Wortgebrauch, als ›Satiriker‹ verstanden.

12 *spoils* – ›Plünderungen‹ (Kriegs-Bild).

14 *crooked knife* – ›krummes Messer‹ – kann als Synonym für *scythe* verstanden werden, ist aber vielleicht auch eine Fortsetzung des Kriegs-Bildes aus Z. 12.

Sonett 101

2 *truth in beauty dyed* – ›Wahrheit / Treue, in Schönheit gefärbt‹.

3 ›Sowohl Wahrheit als auch Schönheit sind von meiner Liebe (d. h. meinem Freund) abhängig‹ – die Abhängigkeit der platonischen Ideenlehre, wo die konkrete Erscheinung als Ausfluß der unwandelbaren Idee gesehen wird, ist hier umgekehrt.

4 *therein dignified* – ›darin hast du deine Würde‹ (hier ist wohl der innere Wert, und nicht so sehr dessen Aufnahme [»hochgeehrt«] gemeint).

6 *fix'd* – ›fixiert‹.

7 *pencil* – elis. ›Pinsel‹ (vgl. Son. 16, Z. 10).

11 *a gilded tomb* – ›ein vergoldetes Grabmal‹ (nicht unbedingt

des Freundes eigenes, sondern das anderer, deren Größe vergänglicher ist).

Sonett 102

7 *summer's front* – ›Anfang des Sommers‹.

8 *stops her pipe* – ›läßt ihre Flöte verstummen‹; die Nachtigall ist im Bild als ein pastoraler Musikant (und später Sänger) dargestellt.

11 *But that* – bezieht sich auf *Not that* (Z. 9);
burthens every bough – ›jeden Ast mit ihrer Last (d. h. ihrer Fülle) niederdrückt‹, vielleicht auch Wortspiel mit ›burthen‹ – ›Refrain‹.

Sonett 103

2 *That* – ›daß, indem‹;
scope – a) ›Gelegenheit, Möglichkeit‹ (vgl. Son. 29, Z. 7), b) ›Ziel, Gegenstand‹ (vgl. Son. 61, Z. 8).

3 *The argument all bare* – ›das nackte Thema‹.

7 *blunt* – a) ›stumpf‹, b) ›derb, dumm‹.

8 *Dulling my lines* – ›meine Zeilen (im Vergleich) matt erscheinen läßt‹.

11 *pass* – ›Wirkung‹.

Sonett 104

3 ff. Der Dichter hebt im Ablauf der Jahreszeiten die dadurch implizierte Zerstörung hervor, die dann auch die Schönheit des Freundes einbezieht.

10 *from his figure* – ›von ihrer (d. h. der Schönheit) Ziffer (auf dem Zifferblatt der Sonnenuhr; *his* = ›its‹); ein möglicher Nebensinn wäre: ›von seiner (des Freundes) Gestalt‹.

11 *hue* – neben »Farbe« auch ›Erscheinung‹.

13 *age unbred* – ›Zeitalter, das noch nicht hervorgebracht ist‹; ›unkultiviert‹, »roh« (Übers.) ist höchstens als Nebensinn wirksam.

14 *you* – Pl., die in der Zukunft lebenden Menschen sind angesprochen.

Sonett 105

3 f. *Since . . .* – Dies könnte grammatisch a) die Begründung für die Anschuldigung des Götzendienstes sein oder b) die Begründung für die Zurückweisung dieser Anschuldigung; b) er-

scheint überzeugender: die Liebe ist nicht Götzendienst, sondern entspricht dem christlichen Monotheismus, wie die Dreiheit der guten Eigenschaften des Freundes (vgl. drittes Quartett) an die Trinität erinnert.

8 *difference* – der Sinn ist ›Abwechslung, Variation‹.

Sonett 106

3 *beautiful* – kann a) als Attribut zu *rhyme* verstanden werden (Übers.) oder b) als Akkusativ der Wirkung (= ›making old rhyme beautiful‹); a) bietet sicher ein tieferes Verständnis.

5 *blazon* – ursprünglich ›Wappen‹, hier: a) ›(ausführliche) Schilderung‹, b) ›Lobpreis‹.

11 *for* – ›da, weil‹.

Sonett 107

3 *yet* – ›dennoch‹ (hier kein temporaler Sinn: ›noch‹);
control – ›beherrschen, beeinflussen‹.

4 ›Obwohl man von ihr (d. h. der Liebe bzw. deren Pachtfrist) angenommen hat, daß sie einem begrenzten Urteilsspruch/Schicksal unterworfen ist.‹

5 *mortal* – a) ›tödlich‹, b) ›sterblich‹. – Die Zeile wird sehr unterschiedlich verstanden und beeinflußt die stark voneinander abweichenden Datierungsversuche (vgl. Nachwort, S. 202) bzw. wird von diesen beeinflußt. Die »Finsternis«, die ›der tödliche/sterbliche Mond‹ ›überwunden‹ hat, wird u. a. verstanden als a) Spanische Armada (1588), b) tatsächliche Mondfinsternis (1595), c) kritisches 63. Lebensjahr der Königin (1595–96), d) Krankheit der Königin (1599–1600), e) die Essex-Rebellion (1601), f) Tod der Königin (1603); a) und f) sind kaum überzeugend, da dann *endur'd* unpassend wäre.

6 *sad* – a) ›feierlich, würdevoll‹, b) ›düster, pessimistisch‹.

7 Die Bedeutung ist etwa: ›Was früher Unsicherheit zu verheißen schien, ist nun zur Bestätigung der Sicherheit geworden‹.

8 ›Und der Friede proklamiert Oliven von endlosem Alter.‹

10 *subscribes* – ›kapituliert‹.

12 *insults* – ›triumphiert‹.

14 *tyrants' crests* – ›die Wappen (ursprünglich Helmbüsche) von Tyrannen‹ (*tyrant* ist negativ und kann sich deshalb nicht auf die Königin beziehen).

Sonett 108

2 *figur'd* – ›dargestellt‹.

8 ›Genau wie, als ich zuerst deinen schönen Namen als heilig
verehrte.‹

9 *in love's fresh case* – juristischer Terminus: ›beim neuen
Plädoyer (d. h. bei der neuen Darstellung) der Liebe‹.

13 *conceit* – ›Idee‹.

13 f. Das Paradoxon der Liebe besteht darin, daß sie gerade
dort ihren Ausgang nimmt, wo die zerstörerische Macht der
Zeit sie am ersten zu vernichten trachtet: in der Schönheit des
geliebten Menschen.

Sonett 109

2 *qualify* – ›mindern‹.

7 *exchang'd* = ›changed‹; *with* – a) ›durch‹, b) ›mit‹.

8 *water for my stain* – entweder a) die pünktliche, unver-
änderte Rückkehr beseitigt gleichsam (wie Wasser) die vor-
herige Verfehlung wieder, oder b) die Tränen der Reue, durch
die Rückkehr dem Freunde sozusagen dargebracht, waschen
den Dichter von der früheren Verfehlung rein.

Sonett 110

2 *motley* – Dies braucht nicht unbedingt eine Anspielung auf
Sh.s Schauspielerberuf zu sein, sondern könnte auch bildlich
verstanden werden.

3 *Gor'd* – ›verwundete‹; hier ist aber auch ein Bild aus dem
Bereich der Kleidung vermutet worden (›gore‹ – ›Zwickel,
spitz zulaufendes Stoffstück‹).

4 ›Beging die alten Vergehen (der Untreue) aus neuen Zunei-
gungen (d. h. mit anderen, erst kürzlich kennengelernten Men-
schen)‹.

7 *blenches* – ›(Seiten-)Blicke‹.

8 *worse essays* – ›Versuche mit schlechterem Prüfmaterial‹.

Sonett 111

4 ›Als öffentliche Mittel, die öffentliche Sitten hervorrufen/
hervorbringen.‹ – Die Zeile wird im allgemeinen als Bezug-
nahme auf Sh.s Theaterberuf verstanden, der in der elisabe-
thanischen Zeit wenig Ansehen genoß.

10 *Potions of eisel* – ›Essig‹ galt als Mittel gegen die Pest und
andere ansteckende Krankheiten.

12 ›Und auch doppelte Buße (will ich nicht für bitter halten), die
meine Bestrafung noch einmal verstärken soll.‹

Sonett 112

10 f. *adder's sense* Pl. ... – Vgl. Psalm 58,5: »the deaf adder
that stoppeth her ear«.
12 *dispense* – ›entschuldigen‹.

Sonett 113

2 *that ... about* – Umschreibung des Auges.
3 *Doth part his function* – a) ›teilt seine Funktion‹ (die einmal
darin besteht, Sinneseindrücke zu empfangen, und zum andern,
sie an den Geist weiterzuleiten – das Auge tut jetzt nur noch
das erstere), b) ›trennt sich von seiner Funktion‹ (d. h. dem
Sehen), c) ›tut seine Funktion (nur) teilweise‹ (*part* wäre
dann Adverb und Entsprechung zu *partly*).
6 *latch* – ›erfassen‹.
7 *quick* – ›schnell aufeinanderfolgend‹ (weniger, wie sonst meist
bei Sh., ›lebendig‹).
14 *maketh mine eye untrue* – alte Emendation; Q: *maketh mine
untrue;* die Übersetzung folgt offenbar einer anderen Emen-
dation: *maketh mind untrue.*

Sonett 114

4 *alchemy* – Die ›Alchemie‹ bemühte sich vor allem darum, un-
edle Metalle in Gold zu verwandeln.
5 *indigest* – ›formlos, ungestalt‹.
8 ›So schnell, wie Gegenstände sich für seine (Seh-)Strahlen (zu
einem zusammenhängenden Bild) zusammenfügen‹.
13 f. Das Auge wird hier als Vorkoster des Königs, des Geistes,
dargestellt; es kostet den von ihm vorbereiteten Trank selbst
zuerst.

Sonett 115

2 *Even* – ›nämlich‹; die Übersetzung der Zeile stammt aus der
Ausgabe 1934.
5 *But reckoning Time* – ›Doch indem ich die (Macht der) Zeit
in Betracht zog‹; die Konstruktion wird Z. 9 wieder aufge-
nommen.
7 *blunt ... intents* – ›die schärfsten Vorsätze abstumpft‹.
8 ›Stärkste Geister auf die Bahn veränderlicher/sich verändern-
der Dinge ableitet‹.

11 ›Als ich sicher war über (alle) Unsicherheit‹.
13 *then might I not* – ›damals durfte ich nicht . . .‹

Sonett 116

5 *mark* – ›(See-)Zeichen‹.
11 *his* – d. h. ›Time's‹.
12 *bears it out* – ›hält stand, trotzt‹.
13 *upon me prov'd* – ›an mir bewiesen‹.

Sonett 117

1 f. *Accuse . . . repay* – Hier, wie auch im ganzen Gedicht, liegt
die Metapher eines Schuldprozesses zugrunde.
4 *bonds* – a) ›Bande (der Liebe)‹, b) ›Schuldverpflichtungen‹.
5 *frequent* – ›vertraut‹.
6 *given to time* – ›der sich wandelnden Gelegenheit anvertraut‹.
10 ›Und auf begründeten Beweis häufe noch Verdacht‹.
13 *appeal* – ›Berufung‹.

Sonett 118

2 *eager compounds* – ›scharfe Mischungen‹ (Soßen).
4 *purge* – ›Abführmittel gebrauchen‹.
5 *being . . . sweetness* – ›voll von deiner niemals Übersättigung
verursachenden Süße‹.
6 d. h. der Dichter hat sich niederer Gesellschaft zugewandt;
frame – ›anpassen‹.
9 ff. Das dritte Quartett der Übersetzung stammt, ebenso wie
die letzte Zeile, aus der Ausgabe 1934.
12 *rank of goodness* – ›(zu) üppig geworden mit Gutem‹.

Sonett 119

1 »Sirenentränen« sind Tränen, die ins Verderben locken; ob
diese Tränen von der Dunklen Dame des zweiten Teils ge-
weint sind oder welche biographische Bedeutung sie haben,
läßt sich nicht bestimmen.
3 ›Indem ich Ängste bei Hoffnungen und Hoffnungen bei
Ängsten (als Gegenmittel) anwandte.‹
9 ff. Hier liegt möglicherweise der Gedanke der *felix culpa* zu-
grunde.
13 *content* – ›Zufriedenheit‹.

189

Sonett 120

4 *brass or hammer'd steel* – ›Erz oder gehämmerter Stahl‹.

9 *our night of woe* – ›unsere Nacht des Wehs‹; *remember'd* =
›reminded‹.

13 *that your trespass* – ›jener Fehltritt von dir‹.

Sonett 121

2 ›Wenn es (d. h. schlecht) nicht zu sein doch dem Tadel ver-
fällt, es zu sein‹.

3 f. ›Und das gerechte Vergnügen (d. h. das Vergnügen, gerecht
zu sein) verlorengeht, welches dafür gehalten wird / Nicht
aufgrund unseres eigenen Bewußtseins, sondern aufgrund der
Sicht anderer.‹ (Infolge der Unklarheit von *just pleasure* und
des Bezugs von *so* werden die Zeilen sehr unterschiedlich ver-
standen.)

5 *For why* = ›why‹; *adulterate* – ›verdorben‹.

7 *frailer* – absolut: ›schwächere Leute‹.

9 *level* – ›zielen‹.

11 *bevel* – ›nicht gerade, schräg‹.

Sonett 122

3 *above that idle rank* – ›über diesen leeren Zustand (entweder
der bloßen Schrift, oder der unbeschriebenen Blätter) hinaus-
gehend‹.

6 *faculty* – ›Fähigkeit‹.

13 *adjunct* – ›äußerliches Hilfsmittel‹.

14 *import* – ›implizieren‹.

Sonett 123

2 *pyramids* – a) metaphorisch für ›Großleistungen der Archi-
tektur‹, b) ›spitz zulaufende Gebäude (Kirchtürme etc.)‹,
c) ›Obelisken‹ (Papst Sixtus V. ließ in den Jahren 1586, 1587,
1588 und 1589 ägyptische Obelisken in Rom wieder aufstellen,
auf die nach einer Datierungshypothese hier angespielt wird).

6 *foist* – ›andrehen, unterschieben‹.

10 *wondering* – ›ich wundere mich‹.

Sonett 124

1 *state* – a) ›Umstände‹, b) ›Pracht‹.

2 ›Dann könnte sie (die Liebe) als Fortunas Bastard für vater-
los gelten‹.

3 f. Die Zeit könnte dann willkürlich mit der Liebe umgehen und sie entweder begünstigen oder beeinträchtigen, so wie Pflanzen entweder als Unkraut verworfen oder als Blumen gesammelt werden.

5 *builded* – In der angedeuteten Gebäude-Metapher kommt die feste Fundierung der Liebe des Dichters zum Ausdruck.

6 f. Die beiden Extremsituationen des höfischen Erfolgs und der durch Unterdrückung herbeigeführten Gewalttätigkeit sind für die Liebe gleichermaßen gefährlich.

8 Der Sinn der Zeile ist nicht ganz klar; er hängt weitgehend von der Bedeutung von *fashion* ab: a) ›Wozu die einladende Zeit unsere Mode ruft‹ (vgl. Übersetzung), ›Was die Verlockung der Zeit heute üblich macht‹; b) ›Wozu die einladende Zeit unsereins (*fashion* – ›kind‹) ruft‹, ›Wozu einen die Verlockungen der Zeit bringen‹.

13 f. Das *couplet* ist in unterschiedlicher Weise als zeitgenössische Anspielung verstanden worden (Jesuiten, Foxes *Book of Martyrs, Gunpowder Plot,* Essex-Verschwörung).

Sonett 125

1 Das Tragen des Baldachins (für einen Herrscher) ist ein äußeres Zeichen der Ehrung, wie es der Dichter hier für sein Verhältnis zu dem Freund zurückweist (vgl. auch Nachwort).

4 *Which* – kann sich a) auf *eternity* und b) auf *bases (proves* wäre dann eine alte Pluralform) beziehen; a) erscheint jedoch überzeugender; *waste* – ›Zerstörung‹ (vgl. *wasteful,* Son. 55, Z. 5).

6 Das durch *dwellers* in der Vorzeile unterschwellig eingeleitete Bild des Hausbesitzes wird fortgesetzt (in der Übersetzung zwei Zeilen weiter verschoben).

7 ›Für zusammengesetzte (künstliche) Süße auf einfachen Wohlgeschmack verzichten –‹

8 *Pitiful thrivers* – Oxymoron: ›bedauernswerte Erfolgreiche‹.

9 *obsequious* – ›dienstfertig, gehorsam‹.

11 *seconds* – ›Ware zweiter Güte‹, vielleicht hier speziell ›Mehl von geringer Qualität‹ (im Anschluß an *oblation* – »Opfergabe«); es gehört zum Ritual von Opferhandlungen, z. B. auch der Meßfeier, daß die Makellosigkeit der Opfergabe hervorgehoben wird.

13 *suborn'd informer* – ›meineidiger Denunziant (d. h. der den Dichter fälschlich bei dem Freund anschuldigt)‹; es braucht nicht unbedingt eine biographische Anspielung vorzuliegen.

Sonett 126

Das ›Sonett‹ fällt formal aus dem Rahmen, da es nur 12 Zeilen hat, die zudem paarweise gereimt sind; es schließt den ersten, größeren Teil der Sammlung ab, der dem Freund gilt.

3 *by waning grown* – Durch das Älterwerden, das sonst ein ›Abnehmen‹ der Schönheit bedeutet, hat die Schönheit des Freundes paradoxerweise noch zugenommen.

8 *disgrace* – ›entehren‹.

11 f. Abrechnungs-Bild: Die Natur muß auf die Dauer gegenüber der Zeit Rechenschaft ablegen und den Freund an sie zurückgeben, d. h. den Freund wieder dem normalen Einfluß der Zeit unterstellen.

Sonett 127

1 Das Schönheitsideal bis fast gegen Ende der elisabethanischen Zeit war blond (Wortspiel durch Doppelsinn von *fair* – a) ›schön‹, b) ›von hellem Teint, blond‹).

5 *hath put on* – ›sich angemaßt hat‹.

6 *Fairing* – wieder Wortspiel.

9 f. *eyes ... eyes* – Die Stelle in der Q-Version scheint korrupt; die meisten Herausgeber ersetzen einmal *eyes* durch ›hairs‹ (vgl. Übersetzung) oder ›brow(s)‹.

10 *suited* – a) ›angepaßt‹, b) ›gekleidet‹ (vgl. *mourners*).

12 *esteem* – a) ›Meinung‹ (sie rufen das falsche Bild hervor, daß sie der Natur ebenbürtig sind), b) ›Wertschätzung‹ (sie ziehen ihre eigene Künstlichkeit der Schöpfung vor, oder: sie bewirken falsche Wertmaßstäbe bei anderen).

Sonett 128

5 *jacks* – eigentlich ›Anschlaghebel‹ des Virginals, hier »Tasten«.

7 ›Während meine armen Lippen, die diese Ernte ernten sollten . . .‹

10 *chips* – ›Tasten‹.

Sonett 129

1 f. Die normale Satzstellung ist hier umgekehrt, wodurch das der Lust zugesprochene Grundattribut, *expense of spirit*, betont wird. – Während im ersten Quartett zweimal die Kopula *is* steht, fehlt in den beiden folgenden Quartetten jedes Prädikat: in der fortschreitenden Steigerung des Tempos, den immer kürzer werdenden Satzkola und dem immer schnelleren

Wechsel von einer Phase des Lustaktes zur andern (vorher, während, nachher) reflektiert das Sonett auch in seiner Struktur die Wirkungsweise geschlechtlicher Lust.

1 *expense* – a) ›Ausgabe‹, b) ›Verschwendung‹ (insofern synonym mit *waste*).

4 *extreme* – ›maßlos‹.

Sonett 130

1 ff. Ähnlich wie in Sonett 21 weist Sh. hier die konventionellen Vergleiche der petrarkistischen Sonettdichtung als übertrieben und unecht, und damit für seine Geliebte als unangemessen, zurück.

4 *wires* – Der elisabethanische Leser versteht den Ausdruck entsprechend dem Idealtyp der traditionellen (blonden) Sonettdame zunächst positiv, d. h. als ›golden wires‹ – wie es bei anderen Autoren auch heißt; diese Erwartung wird von Sh. irregeführt, indem er das eigentlich wertfreie *wires* in der zweiten Zeilenhälfte durch das pejorative *black* negativ umwertet.

5 *damask'd* – Der Sinn ist offensichtlich: ›zweifarbig‹, wenngleich die Damaszenerrose, auf die angespielt wird, einfarbig rosa war.

8 *reeks* – ›hervorströmt‹ (im elis. Englisch nicht, wie heute, negativ).

13 *rare* – ›prächtig‹.

Sonett 131

1 *so as thou art* – ›so wie du bist‹ (d. h. obwohl du nicht im landläufigen Sinne schön bist).

4 *fairest* – wieder Wortspiel mit dem Nebensinn ›blond‹.

11 *One on another's neck* – d. h. dicht aufeinanderfolgend.

12 *in my judgment's place* – ›in der nach meinem Urteil bestehenden Rangfolge‹.

Sonett 132

5 *morning* – Wortspiel mit *mourners* (Z. 3) und *mourning* (Z. 9).

12 *suit* – a) ›kleiden‹, b) ›anpassen‹ (die Dame soll ihr Herz ihrer äußeren Erscheinung, wie sie der Dichter interpretiert, ›anpassen‹ und mit ihm auch innerlich Mitleid empfinden).

Sonett 133

4 *slave to slavery* – ›Sklave des Sklavendienstes (dir gegenüber)‹.

6 *my next self* – d. h. den Freund; *engross'd* – ›ganz in Anspruch genommen‹.

8 *thrice threefold* – Die Dreizahl der Steigerung spiegelt die Zahl der involvierten Personen (vgl. Z. 7) wider.

9 *ward* – ›Gefängnis, Zelle‹.

10 *bail* – ›einschließen‹ (seltener Wortsinn, bestätigt durch Z. 11).

11 *guard* – a) ›Wächter‹, b) ›bewachtes Gefängnis‹.

Sonett 134

2 *will* – nicht nur allgemein ›Wille‹, sondern auch ›sinnliche Lust‹.

3 *forfeit* – ›als Pfand verlieren‹.

3 f. Der Dichter bietet in dem metaphorischen Schuldprozeß der Gegenseite einen Vergleich an: er will sich selbst hingeben unter der Bedingung, daß er dafür den Freund, sein zweites Ich, erhält.

8 *as fast* – ›genau so fest‹.

9 *statute* – ›Schuldverpflichtung, Kaution (für geliehenes Geld)‹ – die Kaution für die Schuld der Schönheit sind der Freund und der Dichter, welche die Dame beide für sich beansprucht.

11 *came* = ›who became‹.

12 ›So verliere ich ihn (noch) durch meine (von dir kommende) böse Schmähung‹.

Sonett 135

Dieses und das folgende Sonett spielen mit den verschiedenen Bedeutungen des Wortes *Will* – a) ›Wille‹, b) ›sinnliche Lust‹, c) ›(männliches oder weibliches) Geschlechtsteil‹, d) Kurzform für ›William‹ (Name des Freundes und des Dichters sowie vielleicht eines Dritten, ihres Mannes?).

1 f. *Will* steht zunächst im Gegensatz zu dem schwächeren *wish*, wird dann aber zunehmend mit anderem Wortsinn erfüllt; das zweimalige *Will* in der folgenden Zeile bezieht sich zum einen auf den Freund und dann auf den Dichter.

4 ff. Hier tritt offensichtlich die Bedeutung c) in den Vordergrund.

13 Die Zeile ist etwas dunkel und wird verschieden erklärt; die überzeugendsten Deutungen sind: ›Let no unkind *No* fair

beseechers kill‹ und ›Let no unkind(ness) fair beseechers kill‹
(die doppelte Negation ist bei Sh. nicht unüblich). Ein Gegen-
satz zwischen ›unkind (beseechers)‹ (*unkind* heißt ›unfreund-
lich, böse‹) und ›fair beseechers‹ – wie in der Übersetzung an-
gedeutet – scheint in diesem Kontext wenig sinnvoll.

Sonett 136

4 ›So weit erfülle aus Liebe, Süße, meine Liebeswerbung‹.

5 ff. Hier macht sich wieder die beim vorigen Sonett unter c)
aufgeführte Bedeutung geltend.

7 *receipt* – ›Fassungsvermögen‹.

10 *in thy store's account* – ›in deines Vorrats Buchführung‹.

13 *still* – ›immer‹.

Sonett 137

6 Eine unzweideutige Anspielung.

13 f. Der Dichter hat in der Vergangenheit Wahres – einen
treuen Menschen, wirkliche Schönheit – für falsch gehalten und
wird nun mit der umgekehrten Verblendung bestraft.

14 *this false plague* – zwei mögliche Bedeutungen: a) = ›this
plague of falseness‹, b) Personifizierung: ›this false lady who
is like a plague‹; a) erscheint sinnvoller.

Sonett 138

1 *truth* – Doppelsinn: a) ›Wahrheit‹, b) ›Treue‹.

2 *she lies* – bei Sh. verschiedentlich vorkommendes Wortspiel:
a) ›sie lügt‹, b) ›sie liegt‹ (d. h. vollzieht den Geschlechtsakt).

5 *vainly* – a) ›fälschlicherweise‹, b) ›aus Eitelkeit‹.

11 *habit* – ›Kleid‹.

13 *lie* – vgl. Anm. Z. 2; der Doppelsinn ist durch die Präposition
with unterstrichen.

Sonett 139

1 ff. Hier wird nicht – wie sonst in der petrarkistischen Sonett-
dichtung – die Grausamkeit der Dame durch ihre enthaltsame
Keuschheit gerechtfertigt; statt dessen versucht der Dichter im
dritten Quartett umgekehrt ihren Mangel an Enthaltsamkeit
(bei anderen) als Freundlichkeit (gegenüber ihm selbst) zu
rechtfertigen.

3 Die Übersetzung der Zeile stammt, wie die der letzten, aus
der Fassung von 1934.

8 *o'erpress'd* – ›zu sehr bestürmt‹.

Sonett 140

4 *my pity-wanting pain* – ›mein Schmerz, der kein Erbarmen (bei dir) findet‹.

7 *testy* – ›reizbar‹.

11 *ill-wresting* – ›alles zum Schlechten drehend‹.

Sonett 141

1 ff. Vgl. dagegen Son. 137, wo die Funktion der Augen nicht auf die unmittelbare Perzeption begrenzt ist.

6 ›Und auch das sensible Gefühl ist nicht für niedrige Berührungen empfänglich‹; *base* ist moralisch abwertend und dazu vielleicht auch örtlich zu verstehen.

9 *five wits . . . five senses* – Dies sind unterschiedliche Fähigkeiten; die ›fünf Geisteskräfte‹ stehen auf einer höheren Stufe als die ›fünf Sinne‹; es sind nach einer Renaissance-Quelle: ›common wit, imagination, fantasy, estimation, memory‹.

11 *the likeness of a man* – ›etwas, das äußerlich einem Menschen ähnlich ist‹ (es fehlt nämlich das Herz); hier liegt eine sog. Prolepse vor, d. h. das Ergebnis des Vorgangs ist vorweggenommen.

12 *vassal wretch* – ›untergebener Unglückskerl‹ (*vassal* ist Adjektiv).

Sonett 142

8 ›Beraubten die Einkünfte der Betten anderer ihrer Mieten‹, d. h. die Dame hatte Umgang mit verheirateten Männern und nahm dadurch etwas, was eigentlich anderen gehörte, für sich; *revenues* (früher auf der zweiten Silbe betont) ist der umfassende Begriff, *rents* bezieht sich auf die einzelnen Leistungen.

11 ›Pflanz Mitleid in dein Herz, damit, wenn es wächst . . .‹

13 f. Wenn sie das Mitleid mit dem Dichter unterdrückt, soll nach ihrem eigenen Beispiel auch bei andern kein Mitleid finden.

Sonett 143

1 *Lo* – ›siehe‹.

13 *thy Will* – Wortspiel (vgl. Son. 135): a) ›deinen William‹ (nicht den Dichter, sondern einen anderen dieses Namens, den sie begehrt), b) ›dein Begehren‹, c) ›deine Lusterfüllung‹.

2 *do suggest me still* – ›mich immer antreiben (zum Guten bzw. Bösen)‹.

9 ›Und ob mein Engel Teufel geworden ist . . .‹

11 ›Doch da beide nicht bei mir und beide miteinander befreundet sind . . .‹

12 *hell* – Die Kommentatoren weisen auf das ländliche Fangspiel ›barley-break‹ hin, bei dem es eine ›Hölle‹ gibt; zweifellos hat das Wort hier aber auch eine naheliegende sexuelle Bedeutung.

14 *fire . . . out* – a) ›herauswirft‹, b) ›mit Geschlechtskrankheit ansteckt‹.

Sonett 145

1 ff. Die Verszeilen dieses reichlich trivialen Gedichts sind zwei Silben oder ein Versmaß kürzer als in den übrigen Sonetten.

13 ›»Ich hasse« – warf sie vom Haß weg . . .‹, d. h. sie entfernte ihren Ausspruch von seiner ursprünglichen Bedeutung.

Sonett 146

2 Die Überlänge erweist die Zeile in der abgedruckten Q-Version als offensichtlich korrupt. Einige Herausgeber streichen den hier eingeklammerten Teil, den sie als irrtümliche Wiederholung des Schlusses der Anfangszeile ansehen, ersatzlos; andere füllen die so entstehende Lücke durch einen kürzeren Ausdruck, z. B. ›Fool'd by‹; Ingram u. Redpath führen im Anhang ihrer Ausgabe fünfzig mögliche, sinnvolle Ergänzungen auf. Eine andere Möglichkeit, die Zeile sinnvoll auf das Normalmaß zu reduzieren, wird darin gesehen, *that thee* zu tilgen. Die Übersetzung folgt dem Q-Text.
array – wahrscheinlich doppelter Sinn: a) ›bekleiden‹, b) ›beflecken, schänden‹.

8 *thy charge* – ›deine Aufwendungen‹, d. h. den Körper, für den du so viel aufgewandt hast.

11 *terms* – a) ›Fristen‹, b) ›Bedingungen‹.

Sonett 147

7 *approve* – ›durch Erfahrung feststellen‹.

8 ›Das Verlangen ist Tod, das die Heilkunst (= die Vernunft) verbot‹ (*physic* ist wohl Subjekt, wenngleich es auch als Objekt verstanden werden könnte).

9 ›Nicht mehr zu heilen bin ich jetzt, da die Vernunft (als mein Arzt) sich nicht mehr (um mich) kümmert . . .‹

11 *discourse* – ›Rede‹ (im Gegensatz zu *thoughts*).

12 ›An der Wahrheit vorbei, ohne Sinn zum Ausdruck gebracht . . .‹

Sonett 148

2 *correspondence* – ›Entsprechung‹.

13 *love* – außer der Liebesgottheit ist wohl auch auf die Geliebte angespielt.

Sonett 149

2 *partake* – ›Partei ergreifen‹.

3 *forgot* – Adj.: ›vergeßlich, nachlässig‹.

9 *respect* – ›achten‹.

14 Der Dichter ist blind, da er die Fehler der Dame nicht sieht; doch sie liebt andere, die diese sehen und sie deshalb verachten.

Sonett 150

13 f. Wenn der Dichter sogar ihre Unvollkommenheiten liebt, verdient er um so mehr von ihr geliebt zu werden; ein Nebensinn ist sicher auch: den, der ihre Wertlosigkeit liebt, soll auch sie, die Wertlose, passenderweise lieben.

Sonett 151

1 f. *conscience* – Wortspiel: a) ›moralisches Bewußtsein‹, b) ›schlechtes Gewissen‹.

6 *My nobler part* – d. h. die Seele.

9 f. ›Doch indem es (das Fleisch) sich bei deinem Namen erhebt, zeigt es auf dich als seine triumphale Beute . . .‹

Sonett 152

3 f. ›Durch die Tat (ist) dein Eheschwur gebrochen und das neue Liebesversprechen zerrissen, / indem du neuen Haß schwörst, nachdem du neue Liebe entgegenbringst.‹ – Die Kommentatoren sind uneins, ob *new faith* und *new hate* sich auf den Dichter oder dessen Freund bezieht; letzteres liegt nahe, da in Z. 2 gesagt ist, daß die Dame nicht nur Ehebrecherin ist, sondern zweifach die Treue gebrochen hat.

7 *to misuse* – verschiedene Bedeutungen sind überlagert:

a) ›falsch zu gebrauchen‹, d. h. ›falsch wiederzugeben‹, b) ›zu betrügen‹.

8 ›Und all meine Ehrlichkeit ist in dir (= durch dich) verloren-gegangen.‹ (– Das in der Übersetzung geäußerte Verständnis der Zeile paßt nicht ganz in den Kontext, da der Dichter hier gerade in erster Linie von seinen eigenen Fehlern spricht.)

13 *more perjur'd I* – ›um so meineidiger (bin) ich‹ (Q hat ›eye‹ statt der von den meisten Herausgebern übernommenen Emendation *I*).

Sonett 153

Das in diesem und dem folgenden Sonett zugrundeliegende Motiv erscheint zum ersten Mal in einem Epigramm der spätantiken »Anthologia Palatina« und ist in der Renaissance verschiedentlich bearbeitet worden; Sh.s genaue Quelle steht nicht fest.

7 *prove* – ›erfahren‹.

Sonett 154

5 *votary* – ›jemand, der ein Gelübde abgelegt hat‹.
12 *thrall* – ›Knecht, Sklave‹.

Nachwort

Zum Verständnis von Shakespeares Sonetten

Anders, als man es lange geglaubt hat und noch heute oft unkritisch annimmt, lassen sich Shakespeares *Sonette* nicht einfach als persönliche Äußerungen eines großen Geistes, gleichsam als intime Mitteilungen neben den mehr objektiven Aussagen von Shakespeares dramatischem Werk, verstehen. Wie jede Art von Dichtung, ja in höherem Maße als die Dichtung anderer Epochen (beispielsweise die der Romantik) kann man die *Sonette* am besten im Rahmen ihrer Zeit begreifen. Die literarische Tradition spielt gerade für die elisabethanische Dichtung eine entscheidende Rolle. Es ist deshalb angebracht, wenn man der Autorschaft des berühmten Dramatikers nicht die Hauptaufmerksamkeit schenkt und das, was über den biographischen Hintergrund von Shakespeares Gedichten bekannt ist, vor allem als vorbereitende Information für ein tieferes Verständnis zur Kenntnis nimmt.

Die Forschung leistet hierbei wider Willen und indirekt eine Hilfe. Obwohl die *Sonette* von allen Werken Shakespeares, mit Ausnahme des *Hamlet,* am häufigsten Gegenstand der Diskussion in der Sekundärliteratur geworden sind, bleiben trotzdem nahezu alle entscheidenden Fragen, welche die historischen Umstände der Entstehung und Intention des Werks betreffen, ungeklärt. Und angesichts der divergierenden Antworten der Forschung, wie sie H. E. Rollins bis in die 40er Jahre hinein in seiner eindrucksvollen zweibändigen Variorum Edition zusammengetragen hat, muß man wohl auch zu dem Ergebnis kommen, daß sich die meisten dieser Fragen nicht eindeutig klären lassen, da sie Gleichungen mit zu vielen Unbekannten darstellen.

Fest steht, daß Shakespeare bereits vor Ende des 16. Jahrhunderts zumindest eine Reihe von Sonetten verfaßt und sich damit in sachverständigen Kreisen einen Namen gemacht hat. Denn Francis Meres vergleicht 1598 in seiner

Gegenüberstellung klassischer und englischer Autoren, *Palladis Tamia*, Shakespeare mit Ovid und spricht dabei von »his sugred Sonnets among his priuate friends«. Ein Jahr später veröffentlicht der geschäftstüchtige Verleger William Jaggard in seiner unautorisierten, fälschlich als Shakespeares Werk ausgegebenen Anthologie *The Passionate Pilgrim* zwei der Sonette (Nr. 138 und 144), die er als besondere Attraktionen an den Anfang des Bandes setzt. Es unterliegt demnach keinem Zweifel, daß die 154 Sonette in Thomas Thorpes Quartausgabe von 1609 (Q), *Shakspere's Sonnets. Never before Imprinted*, ganz oder überwiegend von Shakespeare stammen.

Unklar ist die Frage der Datierung. Weder mutmaßliche Anspielungen auf zeitgenössische Ereignisse (vor allem in Sonett 107 und 123) oder auf biographische Zusammenhänge (z. B. in Nr. 104) noch wahrscheinliche Parallelen mit Stellen in den übrigen Werken Shakespeares und in den Werken anderer zeitgenössischer Autoren, noch Stilvergleiche mit Shakespeares Dramen und den anderen Gedichten haben sich als genügend schlüssig erwiesen, um die Entstehungszeit der *Sonette* zweifelsfrei zu bestimmen. Eine gewisse Übereinstimmung scheint lediglich darin erreicht zu sein, daß man für die Entstehung einen Zeitraum von mehreren Jahren annimmt. Die angesetzten Daten gehen jedoch weit auseinander. Rollins' etwas resignierende Reaktion, einfach den Mittelwert aus den vielen unterschiedlichen Hypothesen zu errechnen, hat als Ergebnis die Zeitspanne von 1593 bis 1599 (Bd. 2, S. 73; s. Bibl.) gebracht. Diese Festlegung dürfte noch immer die weiteste Zustimmung finden.

Der Q-Text, einzige Grundlage für alle modernen Editionen, gibt ein Bündel von ungelösten Problemen auf. Wenngleich mit einiger Sicherheit auszuschließen ist, daß Shakespeare die für private Zirkulation vorgesehenen Sonette selbst an Thorpe gegeben oder gar die Drucklegung überwacht hat, kann man über die Entfernung zwischen Shakespeares Manuskript und Q nur Vermutungen anstellen. Die Qualität des Textes selbst freilich scheint für die Zeit relativ gut.

Sehr umstritten ist die Anordnung der Sonette. Auf der einen Seite zeigt die Reihenfolge von Q zweifellos Merkmale einer Gliederung. Die Sonette 1 bis 126 haben einen jungen Mann zum Adressaten und Gegenstand, und 127 bis 152 beziehen sich auf eine »dunkle Dame« (während die beiden Schlußsonette spielerische Variationen des alten *conceit* vom schlafenden Amor darstellen). Auch innerhalb der beiden Teile lassen sich Gruppierungen oder sogar Gruppen sowie Verknüpfungen zwischen einzelnen Sonetten erkennen, so daß die Sammlung durchaus nicht weniger systematisch angeordnet ist als andere, autorisierte Sonettzyklen der elisabethanischen Ära. Andererseits gibt es Unstimmigkeiten, und die planmäßige Reihenfolge ist stellenweise nicht erkennbar. Die deshalb angestellten zahlreichen Versuche, eine bessere, d. h. die ›ursprüngliche‹, Ordnung zu ermitteln, muten nach den Worten eines Rezensenten wie Bemühungen an, ein System für die Sprengung einer Spielbank zu finden (vgl. Rollins, a. a. O., Bd. 2, S. 112): die offenstehenden Möglichkeiten sind zahlenmäßig nahezu unbegrenzt, und Kriterien, an die man sich halten könnte, liegen nicht fest. Schon aus praktischen Gründen wird daher in den neueren Ausgaben, wenn auch mit mehr oder weniger großer Unzufriedenheit, Thorpes Anordnung übernommen.

Am meisten Stoff hat Thorpe der Diskussion um die *Sonette* durch seine Widmung gegeben:

> TO.THE.ONLIE.BEGETTER.OF.
> THESE.INSVING.SONNETS.
> Mr.W.H.ALL.HAPPINESSE.
> AND.THAT.ETERNITIE.
> PROMISED.
> BY.
> OVR.EVER-LIVING.POET.
> WISHETH.
> THE.WELL-WISHING.
> ADVENTVRER.IN.
> SETTING.
> FORTH.
> T.T.

Seit dem ausgehenden 18. Jahrhundert wurden die Initialen »W. H.« von theoriefreudigen Gelehrten als entscheidende Hilfe bei der Entschlüsselung der Identität des in den *Sonetten* angesprochenen Freundes verstanden. Als aussichtsreichste Anwärter auf diese Ehre sind ins Feld geführt worden William Herbert, Earl of Pembroke (1580–1630) und Henry Wriothesley, Earl of Southampton (1573–1624), dessen Initialen allerdings umgekehrt werden müßten (entsprechend den unterschiedlichen Geburtsdaten beider wird von den Southamptonisten meist ein frühes, von den Pembrokisten ein spätes Entstehungsdatum angenommen); andere Spekulationen entscheiden sich für William Hathaway, William Hall, William Hervey, William Hughes oder William Himself (d. h. Shakespeare!). Die ebenfalls geäußerte Theorie, daß »begetter« nicht »Inspirator«, sondern lediglich »Beschaffer« (des Manuskripts) bedeute, würde zwar dem Streit viel an Brisanz nehmen und dadurch entkrampfend wirken, läßt sich aber angesichts des elisabethanischen Sprachgebrauchs kaum halten. Ähnlich unergiebig, obschon vielleicht nicht ganz mit dem gleichen Engagement diskutiert, sind die Versuche, die Identität der »dunklen Dame« und des »Dichterrivalen«, der in den Sonetten 78 bis 86 eine Rolle spielt, zu entschlüsseln.

Im Hintergrund solcher Bemühungen steht meistens das von August Wilhelm Schlegel zuerst vertretene Verständnis der *Sonette* als Autobiographie, als ein Schatz von genuinen Zeugnissen, die Aufschluß vermitteln über die persönlichen Lebensumstände und Gefühle des jungen Dichters. Wordsworth formuliert die Losung, wenn er in einem seiner eigenen Sonette sagt: »with this key / Shakspeare unlocked his heart«. Einwände gegen diese romantische Konzeption, welche zunächst von der Besorgnis motiviert sind, die gelegentlich allzu freien bzw. gar anstößigen sexuellen Äußerungen in den *Sonetten* möchten mit Shakespeares Dichterruhm nicht vereinbar sein, können sich anfangs nur schlecht behaupten. Erst durch Sidney Lees Studien der elisabethanischen Sonettdichtung (*Elizabethan Sonnets*, 1904), die

Shakespeares *Sonette* in ihren literarhistorischen Kontext stellen, wird zu Anfang des 20. Jahrhunderts ein allmählicher Meinungswandel in der Kritik eingeleitet.

In den letzten Jahrzehnten hat sich, selbst wenn es bemerkenswerte Ausnahmen gibt, bei den Kritikern die Überzeugung durchgesetzt, daß die *Sonette* nicht autobiographische Bekenntnisse Shakespeares darstellen, sondern literarische Texte mit eigener Zielsetzung. Die Identität des Freundes erscheint irrelevant gegenüber der Art, in der ein bestimmter Gedanke, etwa die Vergänglichkeit der Schönheit, in einem Sonett konkreten sprachlichen Ausdruck findet. Das kritische Interesse ist nun, vor allem unter dem Einfluß des ›New Criticism‹, weniger darauf gerichtet, die ›story‹ hinter den *Sonetten* zu enträtseln, als vielmehr die oft komplexe Struktur des einzelnen Gedichts zu analysieren und seine poetische Aussage zu entschlüsseln. Zwar hat die Kritik schon seit längerem als Tatsache registriert, daß die *Sonette* aus der petrarkistischen Tradition erwachsen sind, doch bei der Konzentration auf den einzelnen Sonettext mußte diese Einsicht meist in den Hintergrund treten. Erst in jüngster Zeit scheint man dem besonderen Verhältnis der *Sonette* zu der Tradition, in der sie stehen, wieder mehr Aufmerksamkeit zuzuwenden.

Das Sonett als literarische Form wurde in England im frühen 16. Jahrhundert von Sir Thomas Wyatt und dem um eine Generation jüngeren Earl of Surrey eingeführt. Die beiden Dichter, Hofleute am Hof Heinrichs VIII., hatten bei ihren kontinentalen Reisen in Italien Petrarcas *Canzoniere* kennengelernt und bemühten sich, durch Übertragungen und Imitationen des geschätzten Vorbildes ähnliche Werke in der eigenen Sprache zu schaffen. Ihre Sonette, die vor allem durch die erste elisabethanische Anthologie, *Tottel's Miscellany* (1557), bekannt wurden, fanden jedoch nur eine begrenzte Resonanz.

Erst der 1591 postum veröffentlichte Sonettzyklus *Astrophel and Stella* von Sir Philip Sidney – möglicherweise mit inspiriert durch eine spätere Auflage der *Miscellany* oder durch die sonettähnlichen Experimente des gelehrten Thomas Watson in *Hecatompathia* (1582), auf jeden Fall aber unter dem Einfluß der zeitgenössischen französischen Sonettdichtung – löste eine gewaltige Flut von Sonetten aus. Daniels *Delia* und Constables *Diana* (1592), Draytons *Ideas Mirrour* (1594) und Spensers *Amoretti* (1595) sind die wichtigsten der zahlreichen auf Sidney folgenden Sequenzen.

Während der zweiten Phase dieser Sonettwelle, von ihrem Höhepunkt bis zum schließlichen Abflauen, muß auch – wenn man die oben erwähnten, von Rollins angenommenen Daten (1593–99) akzeptiert – Shakespeare seine Gedichte verfaßt haben. Doch erst als fast letzter Zyklus, lange nachdem die kurzlebige elisabethanische Sonettmode zu Ende war, erschienen die *Sonette* dann 1609 im Druck. Im Gegensatz zu den anderen Sequenzen, welche ihren Namen meist von der verherrlichten Sonettdame hatten, blieben sie ohne besonderen Titel. Sie sind die umfangreichste und größte Sammlung und zugleich die ungewöhnlichste.

Shakespeares *Sonette* bilden sowohl eine Fortsetzung als auch eine Überwindung der petrarkistischen Tradition; die traditionellen Ausdrucksformen der Sonettdichtung werden von Shakespeare aufgegriffen, erfahren aber wesentliche Wandlungen. Diese gehen hauptsächlich von der Verschiebung der dem Zyklus zugrunde liegenden Personenkonstellation aus.

Die Beziehung des traditionellen Sonettdichters zu seiner Geliebten ist sehr spezieller Natur. Sie läßt sich, etwas überspitzt formuliert, als ungleich, einseitig und statisch charakterisieren. Die Dame wird wegen ihrer einzigartigen Schönheit und Tugend vom Dichter geliebt und umworben; sie steht hoch über dem Liebenden und kann auf sein Werben allenfalls ablehnend antworten. Diese ›Grausamkeit‹ ist ihre einzige, vom System her freilich unabdingbare Unvollkommenheit. Sobald sie die Werbung erhören würde, verlöre die petrarkistische Dichtung ihre Grundlage.

Es liegt auf der Hand, daß sich diese Begrenzung um so stärker bemerkbar machen muß, je mehr Dichter bereits die beschränkten Möglichkeiten der Variation innerhalb des Systems ausgenutzt haben. In der englischen Dichtung, die das Sonett erst verhältnismäßig spät aufgriff, kam die Enge des vorhandenen Spielraums schon gleich zu Anfang, bei Sidney, zur Geltung. Das Beispiel von *Astrophel and Stella* zeigt jedoch, wie schwer oder beinahe unmöglich es war, das überkommene Schema zu durchbrechen: etwa um die Mitte der Sequenz stiehlt sich der Dichter von der Geliebten, während sie schläft (und somit nicht über ihre Tugend wachen kann), einen Kuß, und ein gutes Dutzend Sonette lang kann er über diese Seligkeit jubeln, muß aber dann wieder in die aussichtslose Verzweiflung des petrarkistischen Liebenden zurückfallen.

Indem Shakespeare die Liebe zu einem jungen Mann darstellt – wobei er in Sonett 20 eine sexuelle Verbindung im eigentlichen Sinne ausdrücklich ausschließt –, überwindet er die Begrenztheit des Petrarkismus. Die Beziehung zu dem geliebten Menschen ist nun ausgewogener, potentiell zweiseitig und damit eher repräsentativ für ein normales menschliches Verhältnis, aspektreicher und stärker veränderungsfähig. Während auch hier der Dichter den anderen Menschen um seiner Schönheit willen liebt, entfällt das Moment der Werbung; der Dichter strebt nicht nach Erhörung und braucht so auch nicht seine Zurückweisung zu beklagen. Der Freund und der Dichter stehen potentiell auf der gleichen Stufe. Zwar ist der Freund, weil er jung, schön und edel ist, dem Dichter überlegen, dafür hat der Dichter auf seiner Seite die größere Lebenserfahrung und besonders die Macht der Dichtung. Die Gegenseitigkeit des Verhältnisses der Liebenden zeigt sich z. B. daran, daß es von beiden Teilen gestört werden kann: in den Sonetten 57 und 58, wo sich der Dichter kennzeichnenderweise als Sklave des anderen sieht, ist der Freund der nachlässige Teil, wogegen später (109–112) der Dichter selbst seine Nachlässigkeit gegenüber dem geliebten Menschen eingestehen muß.

Die veränderte Personenkonstellation erlaubt die Behandlung von Themen, die in der vorhergehenden petrarkistischen Dichtung kaum darstellbar waren, wie z. B. moralische Probleme. Während die umworbene Sonettdame der Tradition stets als fehlerlos vollkommen gezeichnet werden mußte, darf dem Freund auch menschliche Schwachheit anhaften. Shakespeare kann etwa darstellen, wie durch die unehrenhafte und verletzende Handlungsweise des Freundes die Liebesbeziehung belastet und gestört wird, bis der Dichter ihm verzeiht (33–35), oder wie der Freund die Geliebte des Dichters verführt und der Dichter ihm auch dies nachsehen muß (40–42).

Vor allem kann Shakespeare in den *Sonetten* das zentrale Thema der Zeit, die Vergänglichkeit der Schönheit, ohne Einschränkung aufwerfen, was mit einer Liebeswerbung eigentlich schlecht in Einklang zu bringen ist. So schließt z. B. Daniel, der sich dieser Thematik bereits zuwendet, ein Sonett, in dem er nach Art des *carpe-diem*-Motivs der Geliebten die Kurzlebigkeit der Schönheit und die Wirkung des Alters vor Augen führt, mit dem bezeichnenden Einwand gegen die eigene Darstellung:

> *But ah, no more! this must not be foretold,*
> *For women grieve to think they must be old.*

(*Delia*, Son. 42, Z. 13 f. [Text 1602])

Shakespeare gibt auf die entscheidende Frage, wie die Schönheit der unerbittlichen Macht der Zeit standhalten könne, verschiedene Antworten. In der ersten Gruppe von Sonetten, den sog. ›Prokreationssonetten‹ (1–17), rät er dem Freund mit selbstlosen, manchmal fast unbeteiligten Argumenten, seine Schönheit durch die Zeugung von Nachkommen für die Nachwelt zu erhalten; dann verheißt er ihm ein Fortleben seiner Schönheit durch die Dichtung (z. B. 55, 65); an anderer Stelle spricht er schließlich echte Liebe als eine mögliche Überwindung von Alter und Zeit an (vgl. 104, 116, 123). Wenn Shakespeares Äußerungen teilweise im Widerspruch zueinander stehen (vgl. etwa 16 und 81), so liegt das im Charakter einer Sonettsequenz begründet; die einzelnen Sonette der Sequenz sind – im Unterschied beispielsweise zu den Strophen eines längeren Gedichts – weitgehend selbständige Einheiten, die aus jeweils anderer Perspektive ein bestimmtes Problem oder einen Sachverhalt konzentriert ins Blickfeld fassen.

In welcher Weise Shakespeare die Tradition fortentwickelt, wie weit er zum Teil das petrarkistische Schema hinter sich läßt und welche Merkmale besonders kennzeichnend für die *Sonette* sind, soll hier kurz am konkreten Beispiel des Sonetts 125, des letzten regelmäßigen Sonetts im ersten Teil der Sammlung, aufgewiesen werden. Es sei an dieser Stelle noch einmal zitiert:

> *Were't aught to me I bore the canopy,*
> *With my extern the outward honouring,*
> *Or laid great bases for eternity,*
> *Which proves more short than waste or ruining?*
> *Have I not seen dwellers on form and favour*   5
> *Lose all, and more, by paying too much rent,*
> *For compound sweet forgoing simple savour –*
> *Pitiful thrivers, in their gazing spent?*
> *No, let me be obsequious in thy heart,*
> *And take thou my oblation, poor but free,*   10
> *Which is not mix'd with seconds, knows no art*
> *But mutual render, only me for thee.*
>   *Hence, thou suborn'd informer! a true soul*
>   *When most impeach'd stands least in thy control.*

Der Dichter nimmt in diesem Sonett zur Frage des Liebesdienstes Stellung, den er dem Freund entgegenbringt, und gibt dabei grundlegend Rechenschaft über die Liebesbeziehung, die ihn mit dem anderen Menschen verbindet. Der substantielle Unterschied zur petrarkistischen Tradition wird hier wie kaum sonst in den *Sonetten* deutlich, auch wenn das Problem der zerstörerischen Macht der Zeit nur indirekt in die Darstellung eintritt.

Im ersten Quartett impliziert der Dichter – anfangs zurückhaltend durch die Frageform, dann eindringlicher im Relativsatz der Zeile 4 – die Nutzlosigkeit einer Liebesbekundung, die auf den äußeren, prächtigen Eindruck abzielt. Die zeitlose Wirkung, auf die sie es abgesehen hat, kann sie nicht erreichen; ihre »Ewigkeit« ist den übermächtigen Kräften der Zerstörung unterlegen. So ruft sich der Dichter im anschließenden Quartett das wiederholt erfahrene Beispiel von Leuten in Erinnerung, die aufgrund äußerlicher Ambitionen das Wesentliche verloren haben und damit trotz scheinbaren Erfolges gescheitert sind.

Ein solches Streben nach Äußerlichkeit weist der Sprecher durch das emphatische »No« zu Beginn des dritten Quartetts für seine Person zurück und bietet dem geliebten Menschen statt dessen einen innerlichen Dienst an (Z. 9). Die Opfergabe, die er ihm darbringen kann, ist bescheiden und kunstlos, aber dafür frei und echt. Sie besteht letztlich in der Hingabe des eigenen Ich, auf die der andere in gleicher Weise antwortet: »mutual render, only me for thee.« (Z. 12) Die tiefe Verbundenheit dieser Beziehung gibt dem Dichter die Möglichkeit, im abschließenden *couplet* gemeine Angriffe von außen energisch abzuwehren. Durch diese Abwehrgeste bekommen die ersten beiden Quartette (und somit das Sonett im ganzen) einen zusätzlichen Sinn: die zunächst allgemein wirkenden Reflexionen werden nachträglich zu einer konkreten Rechtfertigung der eigenen Haltung des Dichters.

Die Gedankenführung in den *Sonetten* nähert sich sehr oft dem Charakter eines juristischen Plädoyers; sie ist bisweilen zu einer wahren Kasuistik der Liebe auf die Spitze getrieben. Wie stets wird auch hier das tragende Gerüst des Sonetts durch die gedankliche Argumentation gebildet, die sich nach den Untereinheiten der Sonettform gliedert. Die ersten beiden Quartette stellen je eine Frage (die besonders im zweiten Fall jedoch nur noch rhetorische Bedeutung hat), drittes Quartett und *couplet* antworten darauf mit Ablehnung und einer eigenen Alternative. Jeweils die erste der beiden Einheiten (erstes und drittes Quartett) nimmt hauptsächlich auf den inneren Bereich Bezug, den Dichter selbst und sein Verhältnis zu dem geliebten Menschen, während sich in den folgenden Abschnitten (zweites Quartett und *couplet*) der Blick nach außen richtet. Es ist bezeichnend für Shakespeares *Sonette*, daß das antithetische Prinzip stellenweise auch auf engstem Raum konzentriert zum Ausdruck kommt und die Argumentation in Paradoxien und Oxymora übersteigert wird, beispielsweise in Z. 3/4, »all, and more« (Z. 6) oder »pitiful thrivers« und »in their gazing spent« (Z. 8).

Die petrarkistische Sonettdichtung ist normalerweise vornehmlich an die Geliebte, daneben an den Leser und in gewissem Umfang auch an den Dichter selbst adressiert. Dadurch, daß in diesem Sonett noch eine weitere Person angesprochen wird – der feindliche Denunziant im *couplet*, der die Liebesbeziehung zu zerstören versucht –, gewinnt das Sonett eine größere Dynamik.

Wie in fast allen bedeutenden Sonetten der Sammlung sind die Bilder die Höhepunkte der Argumentation, in ihnen verdichtet sich die Aussage ins Anschauliche. Im Sonett 125 findet sich eine ganze Reihe verschiedener Metaphern, die – wie dies häufig für Shakespeares Stil in den *Sonetten* gilt – unterschiedlich aktualisiert sind; teils bleiben sie nur angedeutet, teils werden sie ausführlich entwickelt. Shakespeare wechselt schnell, wenn auch meist nicht übergangslos, zwischen heterogenen Bildfeldern.

In dem Bild des Baldachin-Tragens zu Anfang soll die Nutzlosigkeit eines äußerlichen Dienstes deutlich werden. Die (falsche) Zielsetzung, durch Äußeres Dauer zu erreichen, ist in dem Bau-Bild ab Z. 3 ausgedrückt. Dieses Bild wird in den ersten beiden Zeilen des zweiten Quartetts fortgesetzt. In »dwellers on« (Z. 5), das ursprünglich »Leute, die ihr Haus auf etwas gebaut haben« bedeutet, ist das Bild nur latent vorhanden und wird zugleich abgewandelt. Vom zweiten Quartett an ist das zunächst allgemeine Bau-Bild, das vielleicht am ehesten die Assoziation von Monumenten hervorruft, ein Haus-Bild; doch ein derartiges Haus gehört dem Bewohner nicht. In dem Gedanken der Wucherpacht (»too much rent«), die für die äußere Pracht zu zahlen ist, wird das ökonomische Bild eingeleitet, das das Quartett in Zeile 8 beschließt: die Rechnung geht nicht auf. In der zwischendurch (Z. 7) eingeschobenen Eß-Metapher ist auf das Sinnenhaft-Oberflächliche solcher Bestrebungen angespielt.

Das dritte Quartett nimmt zuerst das Dienst-Bild der Anfangszeile scheinbar wieder auf (»obsequious«, Z. 9). Aber der Dienst, den der Dichter leisten will, wird dann im folgenden anders bestimmt: er gleicht nicht der Dienstbarkeit gegenüber einem Herrscher, sondern dem Gottesdienst (vgl. »my oblation«, Z. 10); die geistige Vereinigung mit dem geliebten Menschen stellt sich der Dichter als eine Art Liebes-Kommunion vor (Z. 12). Das Gerichts-Bild des *couplet* schafft den Rahmen für die Rechtfertigung des Dichters.

Die Metaphern in Son. 125 sind in bestimmtem Maße charakteristisch für Shakespeares Bildersprache in den *Sonetten*. Shakespeare verwendet meist traditionelles Bildgut, das er jedoch sehr an seine Zwecke anpaßt und zum Teil weitgehend verändert. Metaphern aus den Bereichen ›Herrscher – Diener‹ und ›Gottheit – Anbeter‹ gehören zum wichtigsten Bildarsenal der petrarkistischen Tradition. Shakespeare verwendet hier nun die Metaphern des Dienstes und des Gottesdienstes in einer speziellen Form, indem er einmal nur einen partikulären Aspekt des Sachverhalts, das Baldachin-Tragen, ins Spiel bringt, ohne das Hauptbild ›Dienen‹ explizit einzuführen, und zum andern die besondere christliche Vorstellung der brüderlichen Vereinigung mit der Gottheit zugrunde legt.

Neben einer solchen Neuorientierung der traditionellen Metaphern zeigt sich in den *Sonetten* im ganzen auch eine andere Schwerpunktverteilung der gewählten Bildfelder. In der petrarkistischen Tradition dominieren, entsprechend der herausragenden Stellung der Sonettdame, Bilder, in denen sie als Herrscherin, übermächtiger Feind oder gar als Göttin erscheint. Dagegen führt die mehr auf Gegenseitigkeit beruhende Liebesbeziehung bei Shakespeare dazu, daß Bilder aus den Bereichen des alltäglichen menschlichen Lebens, wie Handel, Ökonomie, Recht, Medizin, neben Metaphern aus dem Gebiet der Naturphänomene auffällig in den Vordergrund treten. Vielleicht hat diese allgemeine Verlagerung analog dazu beigetragen, daß die genannten Bildfelder im Sonett 125 gleichfalls so stark repräsentiert sind, selbst wenn sie sich dort nicht direkt auf das Verhältnis von Dichter und Freund beziehen.

In dem kleineren Teil der Sammlung, wo es um die ›dunkle Dame‹ geht, haben Bilder allgemein weniger Bedeutung. Die Sonette sind, bis auf einige Ausnahmen wie 129 und 146, von vergleichsweise geringerer Komplexität. Shakespeare gestaltet hier ein zwar wechselseitiges, aber nicht ausgeglichenes Verhältnis, das die Ungleichheit des petrarkistischen Schemas umkehrt: der Liebende steht in fast jeder Beziehung weit über der Frau, die er deswegen schmäht und verachtet, obwohl er sexuell von ihr abhängig ist. Die Sexualität mit ihrer irrationalen, erniedrigenden Macht bildet hier das beherrschende Thema.

Die Sonettform, deren sich Shakespeare (abgesehen von den unregelmäßigen Sonetten 99, 126 und 145) bedient, ist die von Surrey eingeführte sog. englische Form: fünfhebige jambische Verszeilen werden nach dem Reimschema abab/cdcd/efef/gg angeordnet. In dem epigrammatischen *couplet*, das den drei Quartetten am Schluß gegenübersteht, wollen manche Kritiker die schwache Stelle in den *Sonetten* sehen. Doch hält sich Shakespeare im gedanklichen Aufbau der Gedichte nicht strikt an dieses Grundmuster. Gelegentlich verwirklicht er auch die kontinentale Bauform, indem er – bei gleichen Reimen – drittes Quartett und *couplet* zu einer inhaltlichen Einheit zusammenfaßt. Gerade in den besten Sonetten finden sich häufig verschiedene Strukturen überlagert. Bei dem zitierten Sonett 125 kontrastiert beispielsweise das *couplet* mit den vorhergehenden Quartetten, da es die gezielte Zurückweisung der üblen Anfeindung von außen bringt, daneben läßt sich aber auch, wie deutlich wurde, in der argumentativen Linienführung eine Oktett-Sextett-Gliederung beobachten.

Die deutschen Übersetzungen von Shakespeares Sonetten

Kaum ein anderes Werk der Weltliteratur ist so oft ins Deutsche übertragen worden wie Shakespeares *Sonette*. An die vierzig Gesamtübertragungen liegen bis heute vor, und wollte man Teil- und Auswahlübersetzungen hinzurechnen, so würde sich die Anzahl sogar verdoppeln. Trotzdem ist es keiner der vielen verschiedenen Versionen gelungen, eine Stellung zu erreichen, wie sie der sog. ›Schlegel-Tieck-Übersetzung‹ für die Dramen Shakespeares zukommt.

Daß es keine ›klassische‹ deutsche Übersetzung der *Sonette* gibt, beruht – wie schon die Fülle der deutschen Fassungen demonstriert – sicher nicht auf mangelndem Einsatz seitens der Übersetzer. Die maßgeblichen Ursachen sind vielmehr darin zu suchen, daß einmal Lyrik als Gattung generell einen geringeren Widerhall hat als dramatische Werke und daß zum anderen der relativ begrenzte Umfang einer Sequenz es den *Sonetten* nicht gestattet, sich in der Zielsprache einen eigenen Verständniskontext zu schaffen. Sie werden so vom Lesepublikum vor dem Hintergrund der vertrauten deutschen Dichtungen späterer Zeit gesehen, wo sich ihre traditionsbedingte Eigenart, die nach der elisabethanischen Epoche schon im Bereich der Ausgangssprache weithin auf Ablehnung oder Mißdeutung stieß, vollends als fremd erweisen muß, wenn sie nicht in der Übersetzung beseitigt worden ist. Vor allem machen sich die besonderen Schwierigkeiten der Versübersetzung geltend (vgl. hierzu im einzelnen meine Untersuchung *Shakespeares Sonett ›When forty winters . . .‹ und die deutschen Übersetzer*; s. Bibl.).

Die Möglichkeiten, die sich für die Übersetzung poetischer Texte durch die Sinnstruktur von Shakespeares *Sonetten* bieten, sind grundsätzlich nicht so schlecht zu bewerten, wie gemeinhin angenommen wird. Der Übertragung von Poesie stehen – entgegen einem landläufigen Vorurteil – keineswegs in jedem Fall schwerere Hindernisse im Wege als einer Übersetzung von Prosa. Dichtung vollzieht sich in einem sprachlichen Sonderbereich, in dem die Besonderheiten von Ausgangs- und Zielsprache zum Teil aufgehoben sind. Das unterschiedliche Idiom im Englischen und Deutschen, das immer wieder als Argument der prinzipiellen Unübersetzbarkeit von Lyrik ins Feld geführt wird, wirkt sich daher bei poetischen Texten wie den *Sonetten* nicht so stark aus wie bei mehr funktionalen Prosatexten. Auch die verschiedene syntaktische Prävalenz der beiden Sprachen, z. B. der vergleichsweise häufige Gebrauch des Partizips im Englischen, fällt bei Dichtung nicht oder sehr viel weniger ins Gewicht. Die poetische Freiheit, die Entbindung von den engen Normen und Regeln des alltäglichen Sprachgebrauchs, steht potentiell auch dem Übersetzer zu Gebote.

Selbst die unterschiedliche Aufteilung der Bedeutungsfelder in der englischen und deutschen Sprache ist in Wirklichkeit nicht so gravierend, wie es in der Theorie scheinen mag; denn der Kontext scheidet oft Bedeutungen, die ein Begriff lexikalisch haben kann, im konkreten Fall aus. Ebenso sind Assoziationen, die ein Wort vielleicht absolut hervorruft, für die Übersetzung nur so weit von Belang, wie sie vom Kontext aktualisiert werden. Bei den Sonetten, wo es vorwiegend um gedankliche Bezüge geht, spielt der Gefühlsreichtum, der einem Ausdruck, etwa infolge seiner besonderen Klanggestalt, innewohnt, nur eine untergeordnete Rolle. Auf der anderen Seite steht das in den *Sonetten* tragende Bezugssystem der europäisch-abendländischen Kultur und Zivilisation – etwa auf den Gebieten Feudalherrschaft, Religion und Ökonomie – für die deutsche Sprache im allgemeinen in gleicher Weise zur Verfügung.

Das Beispiel der deutschen Übertragungen der Shakespeareschen Dramen, die eine ähnliche Sinnstruktur wie die *Sonette* besitzen, beweist durch die Praxis, wie aussichtsreich die Übersetzung von poetischen Texten aus dem Englischen sein kann. In seinem Aufsatz »Der deutsche Shakespeare« stellt Ulrich Suerbaum dies eingehend dar; er kommt aber andererseits zu der Erkenntnis: »Wären Shakespeares Stücke gereimt, so gäbe es Shakespeare als ›deutschen Klassiker‹ nicht.« (S. 264; s. Bibl.)

Das schwerste Problem für die Übertragung der *Sonette* ins Deutsche ist – auch wenn dies eine noch sehr vom Einfluß der Romantik beherrschte Kritik nicht recht wahrhaben will – der Reim. Für die Reimwörter des englischen Originals gibt es in der deutschen Sprache meistens zwar wohl Sinnentsprechungen, aber diese bilden in der Regel keinen Reim. So wären beispielsweise die Träger des ersten Reims von Sonett 1, »increase« und »decease«, mit »Vermehrung« und »sterben« oder »verscheiden« adäquat übersetzt; die Reimwirkung geht jedoch auf diese Weise verloren. Wenn also der Übersetzer zu Recht nicht auf den Reim, und damit auf die Sonettform, verzichten will, muß er Ersatz schaffen. Er wird im Deutschen entweder andere, reimende Wörter aus dem Zeileninnern an die Reimstelle bringen oder statt der genauen Äquivalente der originalen Reimträger ähnliche, bedeutungsnahe Wörter setzen, durch die wieder ein Reim zustande kommt. Im ersten Fall besteht die Gefahr, daß das Bedeutungsgefüge des Originals gestört wird; bei der zweiten Art von Lösung ist damit zu rechnen, daß sich die deutsche Fassung vom genauen Sinn des Vorbilds entfernt. Man kann bei allen übersetzten Sonetten beobachten, wie die Korruption der Sinntreue von der Reimzone aus mehr oder weniger auf das übrige Gedicht übergreift.

Auch das zweite Grundproblem, mit dem der Versübersetzer der *Sonette* konfrontiert wird, resultiert aus der äußeren Verschiedenheit der Sprachzeichen im Englischen und Deutschen. Da die deutsche Sprache die Flexionssilben, die das Englische in einer früheren sprachgeschichtlichen Phase abgeworfen hat, weitgehend noch besitzt, ist sie viel umfangreicher. Der Übersetzer, der durch die Form des Sonetts auf eine Zeilenlänge von 10 (oder bei weiblichem Endreim 11) Silben festgelegt ist, muß demnach anstreben, die sich sonst zwangsläufig einstellende Überlänge der übersetzten Zeile auf das Normalmaß zu reduzieren. Einen Ausgleich für das größere Volumen der deutschen Sprache – mit einem Silbenüberhang von bis zu einem Drittel – kann der Übersetzer prinzipiell erreichen, indem er Bedeutungseinheiten des Originals ausfallen läßt (in den schlechtesten Übersetzungen bleiben regelmäßig halbe oder ganze Zeilen unübersetzt) oder indem er sich bei Verbindungspartikeln und weniger sinntragenden Bestandteilen des originalen Textes Beschränkung auferlegt. Hierdurch entsteht leicht ein härterer und weniger gefälliger Stil, während Auslassungen von Sinnelementen fast notgedrungen zu einer Verflachung und Vereinfachung der originalen Sinnstruktur führen.

Die Qualität der jeweiligen deutschen Version der *Sonette* als Übersetzung – d. h. als Erhaltung der Aussage des Originals im weitesten Sinne bei Wechsel der Sprache – hängt davon ab, wieweit sich der Übersetzer mit diesen Problemen auseinandergesetzt hat und wieweit es ihm gelungen ist, sie zu meistern. Ohne Zweifel muß der gute Übersetzer beständig bemüht sein, die eintretenden Sinnverluste durch Kompromisse und Ersatzlösungen auf ein Minimum zu beschränken. Der schlechte Übersetzer wird sich dagegen schnell mit einer Scheinlösung zufriedengeben, wenn sie nur äußerlich ›poetisch‹ wirkt. Nicht zuletzt ist es entscheidend, ob der Übersetzer in der Lage ist, eine originalnahe Fassung gegenüber dem Lesepublikum zu vertreten, das in seiner Mehrzahl stets dazu neigt, vom Übersetzer einen lesbaren, leicht eingängigen Text zu erwarten und Ungewöhnlichkeiten und Dunkelheiten als Schwächen der Übersetzung zu bewerten statt als Eigenarten des Originals.

Da die Übersetzung in solchem Maße durch Fähigkeiten und Haltung des individuellen Übersetzers geprägt wird, ist die Zugehörigkeit der einzelnen Übersetzung zu einer bestimmten literaturgeschichtlichen Epoche von sekundärer Bedeutung. (Aus diesem Grunde ist es auch möglich und legitim, in einer Sammlung von Übersetzungen wie der vorliegenden die chronologische Reihenfolge aufzugeben.) Man wird einer Übersetzung nur selten gerecht, wenn man sie einfach als eine Reflexion des jeweiligen »Zeit-Stils« betrachtet, wie Ludwig W. Kahn es in seinem Buch *Shakespeares Sonette in Deutschland* (s. Bibl.) versucht. Kahn, der zwischen einer Epoche der romantischen Übersetzungen (bis etwa zur Mitte des 19. Jahrhunderts), einer anschließenden Ära der bürgerlichen Übersetzer (in der zweiten Hälfte des 19. Jahrhunderts) und einer darauffolgenden Zeit des aristokratisch-unbürgerlichen Antinaturalismus unterscheidet, hat vor allem Mühe, gute Übersetzungen zu begründen bzw. zu erkennen, während seine Untersuchung bei den originalfernen Versionen der bürgerlichen Übersetzer die überzeugendsten Ergebnisse erbringt. Die Zeit kann vor allen Dingen einen negativen Einfluß auf die Übersetzung ausüben, während für das Zustandekommen einer originalnahen deutschen Fassung besondere Faktoren notwendig sind, die sich nicht ohne weiteres aus der literarhistorischen oder geistesgeschichtlichen Entwicklung der betreffenden Zeit ergeben.

Als Ergänzung zu der synchronen Darbietung der Übersetzungen im Textteil soll hier jedoch ein kurzer diachroner Abriß gegeben werden, der die einzelnen Übersetzungen in den Zusammenhang der Übersetzungsgeschichte stellt und darüber hinaus Hinweise auf die wesentlichen Merkmale zu geben versucht. Dabei kann nur auf die bedeutendsten, d. h. hauptsächlich die in der Auswahl berücksichtigten Übersetzer eingegangen werden. Eine vollständigere Liste der Übersetzungen erscheint in der Bibliographie.

Zum ersten Mal in deutscher Übersetzung wurde ein Teil der *Sonette* im Jahre 1787 veröffentlicht, als Johann Joachim Eschenburg in sein umfangreiches Handbuch *Ueber W. Shakspeare* 56 Sonette in deutscher Prosafassung aufnahm. Eschenburg machte aus seiner geringen Meinung von Shakespeares Gedichten, die er mit den meisten englischen Kritikern der Zeit teilte, kein Hehl. Seiner Meinung nach war Shakespeare als lyrischer Dichter zu Recht wenig bekannt, und Eschenburg beschränkte sich auf die Übersetzung einer

Auswahl, um – wie er sagte – sich selbst und dem Leser die sonst unvermeidliche Ermüdung zu ersparen. Da es ihm offenbar lediglich auf wissenschaftliche Vollständigkeit ankam und die Vorlage die anstrengende Arbeit einer Versübersetzung nicht wert schien, entschied sich Eschenburg für die Form der Prosa, obwohl er sich über den dadurch eintretenden Verlust an Wirkung durchaus im klaren war.

Die erste Versübersetzung, die 1803 unter dem Pseudonym »K.« in vier Folgen in einem Magazin für Übersetzungen herauskam, umfaßte gleichfalls nur eine Auslese, diesmal von 26 Sonetten. Doch war die Beschränkung nun nicht mehr durch eine Geringschätzung des Originals motiviert, sondern durch den begrenzten Publikationsraum sowie besonders durch die große Schwierigkeit eines solchen Pionierwerks. Karl F. Ludwig Kannegießer (den man allgemein für den Übersetzer hält) scheute sich nicht, um eine möglichst originalnahe Übersetzung zu ringen. Während er in der ersten Folge, entsprechend der zeitgenössischen deutschen Theorie, noch die strenge romanische Sonettform mit nur vier bis fünf Reimen zugrunde legt, löst er sich in den nächsten Folgen von dieser einengenden Beschränkung seines übersetzerischen Spielraums. Statt dessen übernimmt er die englische Form und erreicht damit im ganzen eine erstaunliche Nähe zum Original.

Karl Lachmann, später als Philologe und Herausgeber berühmt, veröffentlichte 1820 – also fast sechzig Jahre nach dem Erscheinen der Wielandschen Dramenübersetzung – die erste deutsche Übersetzung der *Sonette* mit Anspruch auf Vollständigkeit; lediglich drei Sonette fehlten: 135 und 136 (die Will-Sonette) als unübersetzbar und 151 als anstößig. Die Kritiker tadeln an Lachmanns Versen meist in fast wörtlicher Übereinstimmung die philologische Schwerfälligkeit und Steifheit der Diktion. Doch besteht dieser Vorwurf wohl nicht völlig zu Recht, und stellenweise erscheint Lachmanns Verteidigung, wie er sie in einem Brief an seinen Lehrer Benecke äußert, durchaus begründet: »... da Shakespeare seinen Lesern nicht wenig zugemutet hat, so wird es

ja auch dem Übersetzer erlaubt sein.« Auf der andern Seite
kann man sogar bei Lachmann Konzessionen an den Ge-
schmack des Lesepublikums, am deutlichsten vielleicht in der
Auslassung des Sonetts 151, feststellen.

Von Ludwig Tieck sind nur drei der Sonette als hand-
schriftliche Entwürfe erhalten. Die Schwierigkeit der Auf-
gabe, die etwa in den Varianten und Änderungen zum
Ausdruck kommt, nicht mangelnde Wertschätzung der Ge-
dichte ist hierfür verantwortlich zu sehen; denn die *Sonette*
galten inzwischen als unschätzbare Zeugnisse für Shake-
speares persönliches Leben. »Das Meiste, was ich von ihm
[Sh.] weiß, habe ich in diesen Sonetten erfahren«, schreibt
Tieck 1826 in seinem Aufsatz »Ueber Shakspears Sonette
einige Worte, nebst Proben einer Uebersetzung derselben«
(S. 338 f.; s. Bibl.). Die dort mitgeteilten übersetzten So-
nette stammen nach Tiecks Worten (S. 317) »... von einem
jüngeren Freunde ..., der mein Vorwort gewünscht hat, als
Probe, ob man ihn aufmuntern dürfe, die mühsame und
sehr schwierige Arbeit zu übernehmen, alle zu übertragen«.
Hinter dem »Freunde« sieht man allgemein Tiecks Tochter
Dorothea. Die Probe fiel jedoch wohl nicht ganz so positiv
aus, wie Tieck dies erhofft hatte; denn die restlichen von
Dorothea verdeutschten Sonette finden sich zwar als Manu-
skripte in Tiecks Nachlaß, wurden aber nie publiziert. Doro-
theas Arbeit wird von der Kritik gern mit etwas unverdien-
ter Härte als lustlose Fleißübung, lediglich dem Vater zu
Gefallen übernommen, abgetan.

Die Übersetzung der *Sonette* von Gottlob Regis, die 1836
in dessen *Shakspeare-Almanach* erschien, löste die von Lach-
mann als verbindlicher deutscher Text ab. Sie wird bis heute
von vielen für eine Meisterleistung romantischer Überset-
zungskunst und für eine der besten Übertragungen, wenn
nicht für die beste deutsche Version der *Sonette* überhaupt,
gehalten. In der Tat beeindruckt die glanzvolle Sprache und
der selbstsichere Stil der Regisschen Übersetzung. Ein ge-
nauerer Vergleich mit dem Original fördert allerdings nicht
selten zutage, wie Regis sich souverän über die Vorlage hin-

wegsetzt und Feinheiten des Originals durch flache Klischees ersetzt, so daß die für ihn erhobenen Ansprüche zweifellos übertrieben sind.

Karl Richters Übersetzung, die aus dem gleichen Jahr stammt, ist dagegen von ganz anderem Charakter. Sie wirkt viel vorsichtiger und zurückhaltender. Das geringe Selbstbewußtsein des Übersetzers macht sich zugleich dadurch bemerkbar, daß er gelegentlich Anleihen bei Kannegießer oder Lachmann vornimmt. Im ganzen ist Richters Übersetzung wenig bekannt geworden.

Die Übersetzungen der *Sonette*, die in der zweiten Hälfte des 19. Jahrhunderts entstanden, stellen einen kaum zu unterbietenden Tiefpunkt der Übersetzungsgeschichte dar. Die Ära hatte die Theorien der Romantik in stark veräußerlichter und verbürgerlichter Form übernommen. Man betrachtete die *Sonette* weiter als biographische Offenbarung und legte nur auf ihren Inhalt Wert. In kritikloser Überschätzung der eigenen Position lehnten die Übersetzer es regelrecht ab, die Gedichte möglichst dem Original getreu zu übersetzen, sondern wollten ihren Lesern den Inhalt ›schön‹ und glatt und möglichst bei der ersten Lektüre verständlich präsentieren. Nachdem z. B. Wilhelm Jordan (1861) in seinem Vorwort die aus dem größeren Volumen der deutschen Sprache erwachsenden Schwierigkeiten einer genauen Übertragung dargelegt hat, vollzieht er plötzlich eine überraschende Kehrtwendung und meint selbstsicher (S. XII; s. Bibl.): »Nicht die deutsche Sprache ist zu fett, um das Tanzkleid der englischen unverändert anzuziehn, sondern die englische war zu mager, um es auszufüllen, und nur Watte braucht erstere zu beseitigen, damit es ihr sitze wie angegossen.« Friedrich Bodenstedt (1862) sagt in seinem Schlußwort ganz offen (S. 197; s. Bibl.): »Meine Absicht war nicht, ein photographisches Abbild der englischen Sonette zu liefern, sondern sie deutsch nachzudichten, so daß sie auch in dieser neuen Gestalt Kennern wie Laien reinen poetischen Genuß gewähren möchten.«

Bodenstedts Übersetzung war mehrere Jahrzehnte tonange-

bend; auch wenn einzelne Übersetzer, wie beispielsweise
Karl Simrock (1867), zaghafte Versuche unternahmen, sich
wieder mehr dem Original anzunähern. Die einzige Über-
setzung des späten 19. Jahrhunderts, die auch heute noch
gelesen und anerkannt wird, ist die von Otto Gildemeister
(1871). Obgleich selbst Gildemeister nicht selten glättet, ist
er doch im ganzen ein gewissenhafter Übersetzer, der nicht
leichtfertig von der Vorlage abweicht. Noch für Max J.
Wolff (1903) sind Bodenstedt und Gildemeister, wie er in
seinem Vorwort ausführt, die extremen Orientierungspunkte
für die eigene Übersetzung: während der erste dem Shake-
speareschen Wortlaut »ungemein frei« gegenüberstehe
(S. III; s. Bibl.), versuche der andere »möglichst wörtlich zu
übersetzen, ... [werde] aber dadurch trivial, unedel und
unpoetisch« (S. IV).

Die Reaktion auf die Ära der spätromantischen Übersetzun-
gen erfolgte im Jahre 1909 mit der »Umdichtung« der *So-
nette* durch Stefan George. George sagt sich in seiner Ein-
leitung ausdrücklich von der Romantik und damit auch von
der gängigen Praxis des Übersetzens los. Seine Arbeit ist so
revolutionär und eigenwillig, daß sie bis heute die am mei-
sten umstrittene Übersetzung der *Sonette* überhaupt dar-
stellt. Fast alle Beurteiler äußern sich entweder mit unein-
geschränktem Beifall oder mit strikter Ablehnung. Dabei ist
Georges Übersetzung das Gegenteil von dem, was man unter
einer »Umdichtung« erwarten könnte. Es ist dem Text
anzusehen, daß der Übersetzer um jedes Sinnelement des
Originals gerungen hat. George mutet seinen Lesern oft
nicht wenig zu, obschon der von seinen Kritikern gern vor-
gebrachte Vorwurf der Unverständlichkeit und Vergewalti-
gung der deutschen Sprache keineswegs berechtigt ist und
sich eher aus einem Vergleich mit den gängigen ›verschö-
nernden‹ Übersetzungen als mit dem Original erklärt.

Mit George waren die glättenden und ›verschönernden‹
Übersetzungen keineswegs zu Ende. Im gleichen Jahr wie
Georges »Umdichtung« erschien die Übertragung von
Eduard Saenger, die, wenn auch in zurückhaltender Art

und ohne auffallendes Profil, die ungewöhnlicheren Stellen des Originals im Deutschen einzuebnen versucht und dafür mit mehreren Auflagen einen durchaus bemerkenswerten Erfolg erntete. Ludwig Fuldas Übersetzung (1913), die gleichfalls zu den erfolgreicheren deutschen Versionen gehört, ist auf der Grundlage einer von drei Anglisten erstellten Prosa-Rohübersetzung zustande gekommen. Doch die Unterstützung der Wissenschaftler konnte es nicht verhindern, daß Fulda recht ausgiebig genaue Entsprechungen des Originals durch ähnliche deutsche Poesieklischees ersetzt.

Bei weitem die oberflächlichsten deutschen Fassungen der *Sonette* im 20. Jahrhundert, die sich wie Bodenstedt mit einer ungefähren Wiedergabe des allgemeinen Originalsinns begnügen und dafür Wert auf gefühlvolle poetisierende Gemeinplätze legen, sind unzweifelhaft die von Karl Kraus (1933) und Hans Hübner (1949). Kraus, der selbst des Englischen nicht mächtig war, erstellte seine Version durch ›Kontamination‹ der Vorgänger. Hübner erhebt für sich im Vorwort den bezeichnenden Anspruch, »... auf einem ganz anderen Wege näher an das Herz Shakespeares herangekommen zu sein als ein Shakespeare-Philologe mit seinem gelehrten Apparat« (S. 5; s. Bibl.).

Die besseren modernen Übersetzungen sind demgegenüber viel stärker an den Erkenntnissen der Fachwissenschaft orientiert. Richard Flatter (1934) war selbst ein Shakespeare-Spezialist von internationaler Anerkennung, Gustav Wolff (1939) ist, obwohl von Hause aus Mediziner, keinesfalls als Amateur im üblichen Sinne einzustufen, und Rolf-Dietrich Keil (1959) gründet seine Übersetzung auf eine sehr spezielle philologische Theorie, die eine neue Anordnung der *Sonette* erstellen will. Diese Übersetzungen finden sehr oft überzeugende Lösungen, man kann in ihnen jedoch an vielen Stellen beobachten, wie spezifische Aspekte des originalen Textes, beispielsweise Besonderheiten der Klanggestalt, deren Bedeutung in jüngster Zeit mehr beachtet worden ist, einseitig und über Gebühr im Deutschen realisiert werden. Die weniger bedeutenden Übersetzungen von

Ilse Krämer (1945) und Walther Freund (1948) bilden hier keine Ausnahmen; sie zeigen im übrigen in geglätteter Form Anlehnungen an George. Rudolf Alexander Schröder, der auch bei den von ihm übersetzten Shakespeare-Dramen mit Bedacht seine Auswahl traf, hat sich gewiß aus guten Gründen mit einer Teilübersetzung der *Sonette* (1930–1941) begnügt.

Es ist freilich schon jetzt abzusehen, daß die zahlreich vorhandenen Versionen sowie die Schwierigkeit der Aufgabe die Übersetzer in der Zukunft nicht davon abhalten werden, sich weiter an Shakespeares *Sonetten* zu versuchen. Dabei werden wahrscheinlich nach Möglichkeit immer wieder neue Gesichtspunkte in den Vordergrund gestellt, um die Daseinsberechtigung der Arbeit zu beweisen. Die zuletzt angekündigte Übersetzung von Fields hat z. B. den ungewöhnlichen Vorzug, von einem Engländer verfaßt zu sein. Eine größere Annäherung an das Original über George hinaus aber wird wohl nur dann möglich sein, wenn sich beim Lesepublikum ein grundlegender Wandel vollzieht, so daß dem Übersetzer erweiterte Möglichkeiten zur Lösung seiner Aufgabe zu Gebote stehen.

Ausgewählte Bibliographie

Originale Textausgaben

Shakspere's Sonnets. The First Quarto, 1609. A Facsimile in Photo-Lithography. (Shakspere-Quarto Facsimiles. 30) London 1886.

Shakespeare. *Sonnets.* Hrsg. von C. Knox Pooler. (Arden Sh.) London 1918.

The Sonnets of Shakespeare. Hrsg. von T. G. Tucker. Cambridge 1924.

Shakespeare's Sonnets. Hrsg. von Tucker Brooke. London u. New York 1936.

Shakespeare. *The Sonnets.* Hrsg. von Hyder Edward Rollins. (New Variorum Ed.) 2 Bde. Philadelphia u. London 1944.

Shakespeare's Sonnets. Hrsg. von W. G. Ingram und Theodore Redpath. London 1964.

Shakespeare. *The Sonnets.* Hrsg. von John Dover Wilson. (New Sh.) Cambridge 1966.

Shakespeare's Sonnets: The Problems Solved. Hrsg. von A. L. Rowse. London ²1973.

Übersetzungen

(Teilübersetzungen mit weniger als 10 Sonetten sind außer bei Tieck nicht aufgeführt)

Johann Joachim Eschenburg. *Ueber W. Shakspeare.* Zürich 1787. [Darin 56 Sonette]

K. (= Karl F. Ludwig Kannegießer) »Sonette nach Shakspeare«. *Polychorda.* Eine Zeitschrift. Hrsg. von August Bode. Bd. 1. Penig 1803. [26 Sonette]

Karl Lachmann. *Shakespeare's Sonnette.* Berlin 1820.

Ernst Friedrich Georg Otto von der Malsburg. *Poetischer Nachlaß.* Hrsg. von Philippine von Calenberg. Cassel 1825. [15 Sonette]

(Dorothea Tieck) *Shakespeares Sonette* (unveröffentlicht). L. Tiecks Nachlaß No. 17. [Hier fehlende Sonette im folgenden.]

(Dorothea Tieck) »Ueber Shakspears Sonette einige Worte, nebst Proben einer Uebersetzung derselben«, von L. Tieck. *Penelope Taschenbuch für das Jahr 1826.* Hrsg. von Theodor Hell. Leipzig 1826. [26 Sonette]

(Ludwig Tieck) Heinrich Lüdeke. *Ludwig Tieck und das alte englische Theater.* Frankfurt a. M. 1922. [1 Sonett]

225

(Ludwig Tieck) Ludwig (W.) Kahn. »Ludwig Tieck als Uebersetzer von Shakespeares Sonetten«. *Germanic Review* 9 (1934). S. 140–142. [2 Sonette]

Andreas Schumacher. »Sonette«. *William Shakspeare's saemmtliche dramatische Werke*. Übers. im Metrum des Originals in einem Bande. Wien 1826. S. 178–197.

R. S. Schneider. *Shakspeare's Gedichte*. 2 Bändchen. Gotha 1834.

Gottlob Regis, Hrsg. *Shakspeare-Almanach*. Berlin 1836. (Mod. Ausg.: *William Shakespeare. Sonette*. Engl. und dt. Leipzig 1964.)

Karl Richter. »Sonette«. *W. Shakspeare's sämmtliche Werke in Einem Bande*. Im Verein mit Mehreren übers. und hrsg. von Julius Körner. Schneeberg u. Wien 1836. S. 909–927.

Emil Wagner. *William Shakspeare's sämmtliche Gedichte*. Königsberg 1840.

Ernst Ortlepp. »Sonette«. *Nachträge zu Shakspeare's Werken*. Bd. 3. Stuttgart 1840.

Wilhelm Jordan. *Shakespeare's Gedichte*. Berlin 1861.

Friedrich Bodenstedt. *William Shakespeare's Sonette*. In dt. Nachbildung. Berlin 1862.

Johann Ludwig Flathe. *Shakspeare in seiner Wirklichkeit*. Leipzig 1863. [11 Sonette]

Karl Simrock. *Shakespeares Gedichte*. Stuttgart 1867.

Ferdinand Adolph Gelbcke. *Shakespeare's Sonette*. Leipzig 1867.

Hermann Freiherr von Friesen. *Shakspere's Sonette*. Dresden 1869.

Otto Devrient. *Zwei Shakespeare-Vorträge*. Karlsruhe 1869. [21 Sonette]

Alexander Neidhardt. *Shakespeare's kleinere Dichtungen*. Berlin 1870.

Benno Tschischwitz. *Shakspere's Sonette*. Halle 1870.

Otto Gildemeister. *Shakespeare's Sonette*. Leipzig 1871. (Mod. Ausg.: Shakespeare. *The Sonnets, Sonette*. Frankfurt a. M. u. Hamburg 1960.)

Fritz Krauss. *Shakespeare's Southampton-Sonette*. Leipzig 1872. [126 Sonette] (Übrige 28 Sonette erscheinen als: *Shakespeare's Selbstbekenntnisse*. Weimar 1882.)

Otto Guttmann. »Probe einer Uebersetzung Shakespearescher Sonette«. *Programm des Königl. Gymnasiums zu Hirschberg*. Hirschberg 1875. S. 6–15. [31 Sonette]

Karl Goedeke. *Deutsche Rundschau* 10 (1877). S. 386–409. [14 Sonette]

Alfred von Mauntz. *Gedichte von William Shakespeare*. Berlin 1894.

Hermann Häfker. *Was sagt Shakespeare?* Berlin 1896. [20 Sonette]

Max Josef Wolff. *Shakespeares Sonette*. Berlin 1903.

Stefan George. *Shakespeare. Sonnette*. Berlin 1909.

Eduard Saenger. *Shakespeares Sonette*. Leipzig 1909. (Neue Bearbeitung: Leipzig 1922 und 1923.)

A. Baltzer. *Die schönsten Sonette von W. Shakespeare*. Wismar 1910. [33 Sonette]

Ludwig Fulda. *Shakespeares Sonette*. Erläutert von Alois Brandl. Stuttgart u. Berlin 1913.

Richard Huch. *Shakespeares Sonette*. München 1921. [33 Sonette]

H. D. Sierck. *Shakespeare. Sonette an den geliebten Knaben*. Hamburg 1922. [17 Sonette?]

Albert Ritter. *Der unbekannte Shakespeare*. Berlin 1922. [10 Sonette]

Emil Ludwig. *Shakespeares Sonette*. Berlin 1923.

Wilhelm Marschall. *Aus Shakespeares Poetischem Briefwechsel*. Heidelberg 1926. [35 Sonette]

Terese Robinson. *Shakespeare. Sonette und andere Dichtungen*. München 1927.

Karl Hauer. *Shakespeares Sonette*. Graz 1929.

Karl Wanschura. *Die Sonette Shakespeares von Franz Bacon geschrieben*. Wien 1930. [20 Sonette]

Otto Hauser. *Die Sonette von William Shakespeare*. Wien 1931.

Beatrice Barnstorff Frame. *W. Shakespeares Lied an die Schönheit*. Paderborn 1931.

Karl Kraus. *Shakespeares Sonette*. Nachdichtung. Wien 1933 (später München 1964).

Richard Flatter. *Shakespeares Sonette*. Wien 1934. (Neue Bearbeitung: Wien, München u. Basel 1957.)

Gustav Wolff. *William Shakespeare. Sonnette*. Engl. und dt. München 1939.

Rudolf Alexander Schröder. »Shakespeare. Sonette«. *Gesammelte Werke*. Berlin u. Frankfurt 1952. Bd. 1. S. 546–553. (Entstanden 1930–41.)

Ilse Krämer. *William Shakespeare. Sonette*. Sammlung Klosterberg, Europäische Reihe. Basel 1945.

Walther Freund. *William Shakespeare. Sonette*. Bern 1948.

Hans Hübner. *Shakespeares Sonette*. Dresden 1949 (später Rostock 1953).

Hans Mühlestein. *Shakespeare. Vierzig Sonette.* Zürich 1952.

Rolf-Dietrich Keil. *Shakespeare. Die Sonette.* Düsseldorf u. Köln 1959.

Karl Hermann. *Shakespeare. Sonette.* Graz 1963.

Paul Celan. »William Shakespeare. Achtzehn Sonette«. *Neue Rundschau* 75 (1964). S. 204–213.

Alfred Fields. *William Shakespeare. Twelve Sonnets / Zwoelf Sonette.* London 1970. [Vollst. Übers. für 1973 angekündigt.]

Literatur zur Geschichte des Sonetts und zur elisabethanischen Sonettdichtung

Alpers, Paul J. (Hrsg.): *Elizabethan Poetry.* Modern Essays in Criticism. Boston 1965.

John, Lisle Cecil: *The Elizabethan Sonnet Sequences.* New York 1938.

Lever, J. W.: *The Elizabethan Love Sonnet.* London 1956.

Mönch, Walter: *Das Sonett.* Gestalt und Geschichte. Heidelberg 1955.

Schlütter, Hans-Jürgen: *Sonett* (Sammlung Metzler). Stuttgart vorauss. 1975. [Darin ein kurzer Beitrag von mir, den ich mit freundlicher Erlaubnis von Professor Schlütter für das Nachwort der vorliegenden Ausgabe mit verwendet habe. – R. B.]

Smith, Hallett: *Elizabethan Poetry.* A Study in Conventions, Meaning, and Expression. Cambridge, Mass. 1952.

Literatur zu Shakespeares Sonetten

a) Forschungsberichte

Helton, T.: »Contemporary Trends in Shakespeare Sonnet Scholarship«. *Wisconson English Journal* 8 (1965).

Hubler, Edward: »The Sonnets and their Commentators«. *The Riddle of Shakespeare's Sonnets* (o. Hrsg.). London 1962.

Nejgebauer, A.: »Twentieth-century Studies in Shakespeare's Songs, Sonnets and Poems«. *Sh. Survey* 15 (1962).

b) Studien

Baldwin, Thomas Whitfield: *On the Literary Genetics of Shakspere's Poems & Sonnets.* Urbana 1950.

Booth, Stephen: *An Essay on Shakespeare's Sonnets.* New Haven u. London 1969.

Grundy, Joan: »Shakespeare's Sonnets and the Elizabethan Sonneteers«. *Sh. Survey* 15 (1962).

Herrnstein, Barbara (Hrsg.): *Discussions of Shakespeare's Sonnets*. Boston 1965.

Hotson, Leslie: *Shakespeare's Sonnets Dated and Other Essays*. London 1950.

Hubler, Edward: *The Sense of Shakespeare's Sonnets*. Princeton 1952.

Knight, G. Wilson: *The Mutual Flame*. On Shakespeare's ›Sonnets‹ and ›The Phoenix and the Turtle‹. London 1955.

Krieger, Murray: *A Window to Criticism*. Shakespeare's ›Sonnets‹ and modern Poetics. Princeton 1964.

Landry, Hilton: *Interpretations in Shakespeare's Sonnets*. Berkeley, L. A. 1963.

Leishman, J. B.: *Themes and Variations in Shakespeare's Sonnets*. London 1961.

Puschmann-Nalenz, Barbara: *Loves of comfort and despair*. Konzeption von Freundschaft und Liebe in Shakespeares Sonetten (Studienreihe Humanitas). Frankfurt a. M. 1974.

Schaar, Claes: *Elizabethan Sonnet Themes and the Dating of Shakespeares ›Sonnets‹*. Lund u. Kopenhagen 1962.

Winny, James: *The Master-Mistress*. A Study of Shakespeare's Sonnets. London 1968.

Literatur zu den Problemen der Übersetzung sowie zu den deutschen Übersetzungen von Shakespeares Sonetten

Brower, Reuben A. (Hrsg.): *On Translation*. Cambridge, Mass. 1959.

Borgmeier, Raimund: *Shakespeares Sonett ›When forty winters ...‹ und die deutschen Übersetzer*. Untersuchungen zu den Problemen der Shakespeare-Übertragung. München 1970.

Catford, J. C.: *A Linguistic Theory of Translation*. An Essay in Applied Linguistics. London 1965.

Heun, Hans Georg: »Probleme der Shakespeare-Übersetzungen« I–V. *Sh.-Jahrbuch* 1956, 1959, 1966, 1968, 1971.

Kahn, Ludwig W.: *Shakespeares Sonette in Deutschland*. Versuch einer literarischen Typologie. Bern u. Leipzig 1935.

Schoen-René, Otto Eugene: *Shakespeare's Sonnets in Germany: 1787–1939*. Harvard Univ. Thesis 1941 (unveröffentl.).

Suerbaum, Ulrich: »Der deutsche Shakespeare«. *Shakespeare*. Eine Einführung. Hrsg. von Kenneth Muir und Samuel Schoenbaum. Stuttgart: Reclam 1972.

Verzeichnis der Übersetzer

(Die Zahlen bezeichnen die Sonett-Nummern)

Flatter, Richard (1934/1957): 37, 45, 72, 83, 86, 115, 118, 131, 139, 152.

Freund, Walther (1948): 65, 68, 92, 99, 107.

Fulda, Ludwig (1913): 9, 36, 44, 59, 76, 95, 111, 146.

George, Stefan (1909): 2, 18, 20, 30, 40, 52, 55, 60, 66, 73, 77, 87, 106, 129, 130.

Gildemeister, Otto (1871): 3, 12, 17, 22, 28, 39, 46, 57, 63, 80, 88, 105, 128, 141, 149.

Kannegießer, Karl F. Ludwig (1803): 1, 14, 16, 96, 98, 104.

Keil, Rolf-Dietrich (1959): 13, 15, 21, 26, 35, 41, 48, 58, 64, 75, 85, 91, 127, 135, 136.

Krämer, Ilse (1945): 67, 102, 110, 124, 138.

Lachmann, Karl (1820): 7, 11, 29, 43, 53, 56, 70, 112, 119, 132, 137, 140, 148, 150.

Regis, Gottlob (1836): 10, 33, 49, 61, 81, 120, 143, 147, 153.

Richter, Karl (1836): 34, 38, 42, 47, 79, 90, 97, 117, 126, 154.

Saenger, Eduard (1909/1922): 23, 62, 69, 82, 89, 94, 101, 108, 123, 134, 144.

Schröder, Rudolf Alexander (bis 1941): 5, 6, 31, 116.

Simrock, Karl (1867): 24, 103, 122.

Tieck, Dorothea (1826): 8, 19, 25, 54.

Wolff, Gustav (1939): 27, 50, 51, 71, 74, 78, 84, 93, 100, 109, 113, 125, 133, 145, 151.

Wolff, Max Josef (1903): 4, 32, 114, 121, 142.

Für die freundliche Genehmigung des Abdrucks sei folgenden Verlagen und Personen gedankt:

Flatter: Verlag Kurt Desch, München, Wien u. Basel

Freund: Scherz Verlag, Bern

Fulda: J. G. Cotta'sche Buchhandlung Nachf., Stuttgart

George: Dr. Robert Boehringer, Genf

Keil: Eugen Diederichs Verlag, Düsseldorf und Köln

Krämer: Schwabe & Co. Verlag, Basel

Saenger: Insel Verlag, Frankfurt am Main

Schröder: Suhrkamp Verlag, Frankfurt am Main

Wolff, Gustav: Ernst Reinhardt Verlag, München

Inhalt